CDつき

中学英文法「意味順」ドリル1

単語を並べてみよう

at home

English

田地野彰［監修］

奥住桂・加藤洋昭［著］

だれが する/です だれ・なに どこ いつ

テイエス企画

英語を効率よく学ぶには英語という言語の特徴を理解することが重要です。では、その特徴とはどのようなものでしょうか。じつは英語には「語句の順序が変わると、意味も変わる」という言語的特徴があります。

日本語では語句の順序を変えてもある程度意味は通じますが、英語では正しい順序で語句を並べないと意味は伝わりません。

たとえば、Ken ate the apple.（**ケンが**そのリンゴを食べた。）と言うべきところを、Ken と the apple の順序を誤って The apple ate Ken. としてしまうと、「**そのリンゴが**ケンを食べた。」（あれっ？！）という意味になってしまいます。

本書では、この大切な英語の語句の順序を「意味の順序」（意味順）として捉え、英語の構造を視覚的に示しました。これにより「英語のしくみが見てわかる！」、「意味から直接英語をつくることができる！」――そうした工夫があらゆる所になされています。

本書を手にとってくださったみなさんが、本書をとおして、中学校から高校、大学へと将来の英語学習につながる重要な知識と技能を身につけ、英語でのコミュニケーションを楽しまれることを願っています。

監修 田地野 彰

中学生のみなさんへ

「意味順」で楽しく英語のルールを学び、“伝わる英語”を育てましょう。

中学校３年間で学習する英語のルール（英文法）はたくさんあります。
もちろんどのルールも大事です。しかし、英語での実際のコミュニケーションを考えるとき、できないと困るルールとできたら素敵なルールがあります。できないと困るルールを知っていなければ、自分の伝えたいことを正しく伝えることができません。“伝わる英語”にはならないのです。

伝わる英語を木にたとえてみましょう。
できないと困るルールが「幹」で、できたら素敵なルールが「枝」ということになります。立派な木に育つためには、まずはしっかりとした「幹」をつくることが大切です。
この本では、英語の「幹」として“言葉の順番〈意味順〉”と、より気持ちよいコミュニケーションのための「枝」として名詞のカタマリを同時に学習していきます。

英語と日本語では言葉の順番が違(ちが)います。また、英語では言葉の順番自体に役割があります。その順番をまちがえると自分の伝えたいことが全く伝わりません。そのため、伝わる英語が使えるようになるためには、英語独特の言葉の順番を理解することが必要です。この本では、英語の言葉の順番を意味順と呼んでいます。

名詞のカタマリとは、人や物などの伝え方です。たとえば、「車」を「小さな車」、「友だち」を「昨日駅で会った友だち」のように詳しく表すことができれば、自分の考えをていねいに伝えられ、相手の言うことや書かれた文章を深く理解することもできて、コミュニケーションが豊かになります。

細かい例外は後回し。まずはちゃんと伝えるための「幹」と、楽しく伝えるための「枝」をこの本で育てていきましょう。

奥住 桂

スモールステップを踏みながら、生きた英文で英語学習をしましょう。

この本は英語を勉強する本なので、みなさんはたくさんの英文を読んだり書いたりします。
そのほとんどが短くシンプルなものですが、どれも“生きた英文”であることを心がけました。生きた英文とは、中学生のみなさんが日常生活で実際に使いそうな表現のことです。朝起きてから寝るまでの間に言うかもしれない表現や、英文を聞くと頭の中にその場面が浮かぶような表現です。もしかしたら、実際に使う場面があるかもしれません。この本に掲載されている英文を覚えると、英語の表現が豊かになります。

また、解説と練習問題は見開きでセットです。練習問題は、解説を確認しながら 3 つのスモールステップで基本から英文の完成までていねいに進めます。文法学習の合間にはミニテストやリスニング・英作文活動にチャレンジするページもあります。学習したことが理解できているか確認したり、自分で英語を使ってみたりすることもできます。

生きた英文に親しみ、繰り返し学習できるように作った本です。ひとつひとつ確認しながら、自分のペースで学習を進めてください。この本を通じて、伝わる英語の「幹」と「枝」の大本である中学英語を楽しんでいただくことを願っています。

加藤 洋昭

この本はどういう本？

「意味順」で英語の語順に親しみ、「名詞のカタマリ」で表現力アップ
ミニテストや活動で“伝わる英語”を楽しく学習します

この本は中学校で学ぶ文法事項に沿って、日本語とは異なる英語の語順を「意味順」で、人や物事を詳（くわ）しく説明する伝え方を「名詞のカタマリ」で学習します。意味順セクションで学習したことは、4回の「復習テスト」で確認（かくにん）します。文法学習だけでなく、「意味順 Activity」のセクションでリスニング問題・英作文にも取り組みます。

楽しく学ぶ5つのセクション

基本（キホン～05）
「意味順」と「名詞のカタマリ」を確認します。

意味順（01～42）
中学校で学習する文法項目を意味順でわかりやすく解説し、練習問題に取り組みます。

名詞のカタマリ（①～④）
人や物事を表す語句のまとまりについて理解を深めます。

復習テスト（①～④）
意味順セクションで学習した内容をまとめたテストです。

意味順 Activity
意味順を応用して、リスニング問題と英作文に取り組みます。
・英語を聞いて答えよう× 3
・英語で書こう× 3

【ドリル1】と【ドリル2】の2冊があります

【ドリル1】は「単語を並べてみよう」というテーマで、英語の語順理解が中心です。意味順セクションでは「仕上げ」というページを設け、文法事項を語句並べかえ問題で復習します。

【ドリル2】は「表現を使ってみよう」というテーマで、高校入試を意識した応用問題や、ミニテストを掲載（けいさい）しています。

【ドリル1】の主な内容

〈意味順〉
現在の文
疑問詞疑問文
過去の文
現在進行形
過去進行形　他「仕上げ」
〈名詞のカタマリ〉
冠詞・複数形
代名詞
前置詞句の後置修飾　など

【ドリル2】の主な内容

〈意味順〉
助動詞の文
動名詞・不定詞
比較表現
受け身
接続詞
間接疑問文
現在完了（かんりょう）形・現在完了進行形
関係代名詞
仮定法過去　など
〈名詞のカタマリ〉
動名詞・不定詞
疑問詞＋不定詞
接続詞 that・間接疑問
不定詞・分詞の後置修飾
関係代名詞の後置修飾
〈高校入試準備〉
・読解問題× 6
・リスニング問題× 2
・英作文問題× 2
・高校入試ミニテスト× 1

どうやって勉強する？

生きた英文を意味順ボックスで視覚的に理解し、スモールステップを踏んで“伝える英語”を実感しましょう

左ページは解説です。意味順ボックスを使って英語のしくみをわかりやすく説明しています。

右ページは練習問題です。「語句問題 → 意味順ボックス問題 → 語句並べかえ問題」の３つのステップを基本に構成しています。

解説も練習問題も日常で使いそうな“生きた英文”を紹介しています。自分が英語を使う場面を思い浮かべながら楽しく学習しましょう。

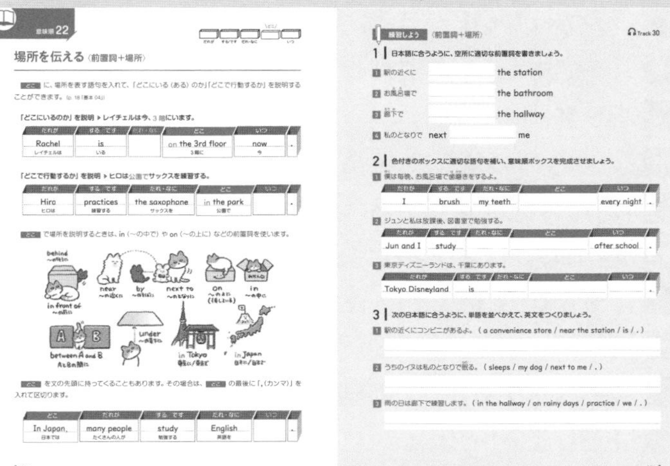

意味順22

場所を伝える〈前置詞＋場所〉

どこ に、場所を表す語句を入れて、「どこにいる（ある）のか」「どこで行動するか」を説明することができます。(p. 18 [基本 04])

「どこにいるのか」を説明 ▸ レイチェルは今、3 階にいます。

だれが	する／です	だれ・なに	どこ	いつ	
Rachel レイチェルは	is いる		on the 3rd floor 3 階に	now 今	.

「どこで行動するか」を説明 ▸ ヒロは公園でサックスを練習する。

だれが	する／です	だれ・なに	どこ	いつ	
Hiro ヒロは	practices 練習する	the saxophone サックスを	in the park 公園で		.

どこ で場所を説明するときは、in（～の中で）や on（～の上に）などの前置詞を使います。

どこ を文の先頭に持ってくることもあります。その場合は、どこ の最後に「,（カンマ）」を入れて区切ります。

どこ	だれが	する／です	だれ・なに	いつ	
In Japan, 日本では	many people たくさんの人が	study 勉強する	English 英語を		.

072

練習しよう〈前置詞＋場所〉 Track 30

1 日本語に合うように、空所に適切な前置詞を書きましょう。

1 駅の近くに ＿＿＿ the station

2 お風呂場で ＿＿＿ the bathroom

3 廊下で ＿＿＿ the hallway

4 私のとなりで next ＿＿＿ me

2 色付きのボックスに適切な語句を補い、意味順ボックスを完成させましょう。

1 僕は毎晩、お風呂場で歯磨きをするよ。

だれが	する／です	だれ・なに	どこ	いつ	
I	brush	my teeth		every night	.

2 ジュンと私は放課後、図書室で勉強する。

だれが	する／です	だれ・なに	どこ	いつ	
Jun and I	study			after school	.

3 東京ディズニーランドは、千葉にあります。

だれが	する／です	だれ・なに	どこ	いつ	
Tokyo Disneyland	is				.

3 次の日本語に合うように、単語を並べかえて、英文をつくりましょう。

1 駅の近くにコンビニがあるよ。（a convenience store / near the station / is / .）

2 うちのイヌは私のとなりで眠る。（sleeps / my dog / next to me / .）

3 雨の日は廊下で練習します。（in the hallway / on rainy days / practice / we / .）

073

意味順ボックス▶
語順とポイントがひと目でわかる！

語句・表現▶
解説で紹介した表現は練習問題で確認。

◀1 語句問題
解説ページや辞書で基本を確認。

◀2 意味順ボックス問題
1で確認した基本を使って文法ポイントを練習。

◀3 語句並べかえ問題
1・2を応用した語句並べかえ問題で英文が完成！

リスニング CD で音声を確認し、音読練習をしましょう

付属のリスニング CD には、Track のマークがついているページの音声が収録されています。リスニング問題を聞くだけではなく、次のような活用方法があります。ぜひ挑戦してみましょう。

・発音やイントネーションをまねて音読練習をする。

・日本語を聞いて、その英語を自分で言ってみる。

・英語を聞いて、書き取り練習をする。

※CD の音声のあとに続けて読む練習をするときは、CD プレーヤーの一時停止機能をお使いください。

ダウンロード版『解答用〈意味順〉シート』『〈意味順〉確認音声』

練習問題用の『解答用〈意味順〉シート』と、『〈意味順〉確認音声』を準備しました。以下の URL からダウンロードして使うことができます。

https://tofl.jp/books/2649

それぞれの詳しい使い方は 132 ～ 133 ページをご確認ください。

もくじ

Look at me!

「意味順」って何？

「意味順」とは、この本で英語を学習するみなさんに覚えてもらうルールです。

英語では、「言葉の並び順〈語順〉」がとても大切です。

“でも、どんな順番で並べればいいの？”

そこで、この本では「意味順ボックス」を使います。

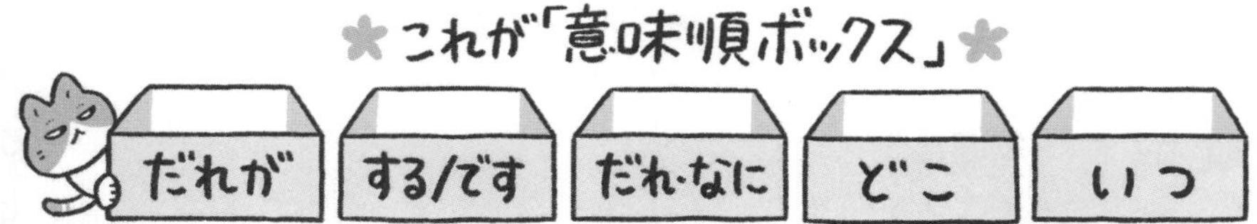

この順番に並んでいる箱（ボックス）に単語やいくつかの単語を組み合わせたまとまりを入れていくと、意味の通じる文になります。この意味のまとまりの順番が「意味順」です。英語の意味順を覚えれば、英語がわかり、使えるようになります。

意味順ボックスを使って、日本語と英語を比べてみましょう。

日本語の「蹴(け)った」と英語の kicked は同じことを表しているのに、言葉の並び順が違(ちが)います。日本語では、

「ボールを蹴ったよ、ケンは」「ケンが蹴ったよ、ボールを」

と、順番を変えても意味は同じです。しかし、英語は語順によって言葉の役割が決まっているので、順番をまちがえると意味が変わってしまいます。

■「ボールがケンを蹴った」!?

語順が違うと、発音が上手でも、英単語をたくさん覚えていても全く通じません。逆にいうと、つづりや発音の細かいところでまちがいがあっても、語順が合っていれば、言いたいことはおおよそ伝わります。

「意味順」は英語の基本の基本と言えるでしょう。

意味順を確認しよう

次の文の日本語のまとまりを、英語の意味順に並べかえ、適切なボックスに書きましょう。

例 私は　イヌを２匹（ひき）　飼っています。

だれが	する／です	だれ・なに	どこ	いつ
私は	飼っています	イヌを２匹		

ヒント　何も入らないボックスもあるよ！

1 僕（ぼく）は　毎日　テニスを　練習します。

だれが	する／です	だれ・なに	どこ	いつ

2 私は　毎朝６時に　起きます。

だれが	する／です	だれ・なに	どこ	いつ

3 ケンは　昨日　お台場で　友だちと　遊びました。

だれが	する／です	だれ・なに	どこ	いつ

4 コーヒーが　飲めません　奥住（おくすみ）先生は。

だれが	する／です	だれ・なに	どこ	いつ

5 来週　僕たちも　その映画を　見ます。

だれが	する／です	だれ・なに	どこ	いつ

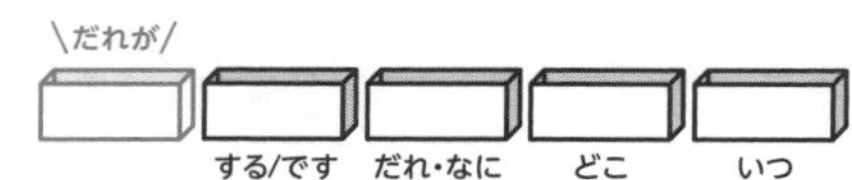

「だれが」ボックスに入るもの〈主語〉

意味順ボックスの先頭は だれが です。だれが には文の主役が入ります。これを主語といいます。

▶ 私は毎日サッカーをするよ。

だれが	する／です	だれ・なに	どこ	いつ	
I 私は	play する	soccer サッカーを		every day 毎日	.

この文でサッカーをする「主役」は I（私は）です。日本語では「毎日サッカーをするよ」のように「だれが」を省略することもありますが、英語では必ず何かが主語として だれが に入ります。主語は〈人〉だけとは限りません。動物やモノも文の主役であれば だれが に入ります。

▶ うちのイヌは散歩が好き。

だれが	する／です	だれ・なに	どこ	いつ	
My dogs 私のイヌたちは	like 好きだ	walking 散歩することが			.

だれが には、具体的な名前以外も入ります。

例えば、I（私は）、You（あなたは）、He（彼(かれ)は）、She（彼女(かのじょ)は）、We（私たちは）、This（これは）などの代名詞も入ります。また、The tall man（その背の高い男の人）のように、複数の単語でできたカタマリが入ることもあります。（p. 20「基本 05」、p. 34「名詞のカタマリ①」）

Track 01

1 次の日本語を英語の語順で表現するときの主語を補いましょう。

例 私はピアノを弾(ひ)くよ。

だれが	する/です	だれ・なに	どこ	いつ
私は	弾きます	ピアノを		

1 今日は宿題がたくさんあるなぁ。

だれが	する/です	だれ・なに	どこ	いつ
	持っている	たくさんの宿題を		今日は

2 疲(つか)れたなぁ。

だれが	する/です	だれ・なに	どこ	いつ
	です	疲れた		

2 日本語に合うように、主語と だれ・なに に入る語句を（　　）内から選び、意味順ボックスを完成させましょう。

1 イヌが好きなんだ。（ dogs , I ）

だれが	する/です	だれ・なに	どこ	いつ	
	like				.

2 ジュンは私の兄です。（ Jun , my brother ）

だれが	する/です	だれ・なに	どこ	いつ	
	is				.

3 今日は小テストがあるね。（ a quiz , we ）

だれが	する/です	だれ・なに	どこ	いつ	
	have			today	.

ヒント　英文の最初の文字は大文字になるよ！

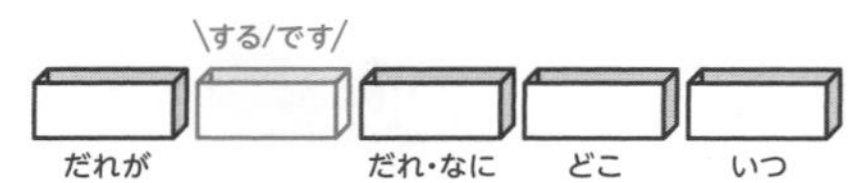

「する／です」ボックスに入るもの〈動詞〉

する／です に入る言葉を動詞といいます。動詞は大きく分けて be 動詞と一般動詞の 2 種類があります。

be 動詞 「〜です」

主語（だれが）が具体的に何か、どんな特徴や状態なのかを説明します。主語によって is / am / are を使い分けます。

▶ **僕はサッカー選手なんだ。**

だれが	する／です	だれ・なに	どこ	いつ	
I 私は	am です	a soccer player サッカー選手			.

■「だれが」と「だれ・なに」が「＝（イコール）」で結ばれているイメージ

一般動詞 「〜する」

一般動詞は、主語（だれが）の日頃の習慣（ふだんすること）を説明します。play「する」、eat「食べる」、go「行く」、know「知っている」、practice「練習する」、like「好む」、want「欲しい」、study「勉強する」などです。

▶ **僕はサッカーをするよ。**

だれが	する／です	だれ・なに	どこ	いつ	
I 私は	play する	soccer サッカーを			.

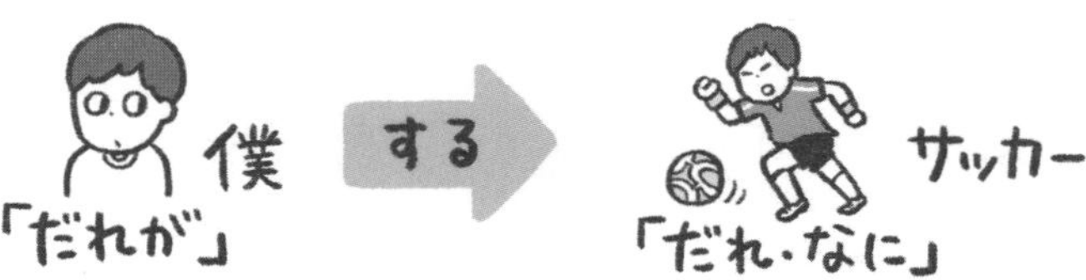

■「だれが」から「だれ・なに」に向かって、矢印がのびるイメージ

する／です には原則として「〜です」（be 動詞）か「〜する」（一般動詞）のどちらか1つが入ります。

意味順を確認しよう

Track 02

1 次の英文の主語（だれが）は □ で、動詞（する／です）は ○ で囲みましょう。

例 I eat yogurt in the morning.（私は 朝に ヨーグルトを 食べます。）

1 I have a lot of homework today.（私は 今日 宿題がたくさん あります。）

2 I am hungry.（僕は おなかがすいて います。）

3 Mr. Tanaka knows my phone number.（田中さんは 僕の電話番号を 知っています。）

4 We are junior high school students.（私たちは 中学生 です。）

2 する／です ボックスに入る適切な動詞を ［ ］ から選びましょう。

例 私は中学生です。

だれが	する／です	だれ・なに	どこ	いつ	
I	am	a junior high school student			.

1 放課後、僕は図書館で数学を勉強するんだ。

だれが	する／です	だれ・なに	どこ	いつ	
I		math	in the library	after school	.

2 僕たちは毎朝、グランドでサッカーを練習します。

だれが	する／です	だれ・なに	どこ	いつ	
We		soccer	on the grounds	every morning	.

3 妹は小学生です。

だれが	する／です	だれ・なに	どこ	いつ	
My sister		an elementary school student			.

~~am~~ is practice study

基本 03

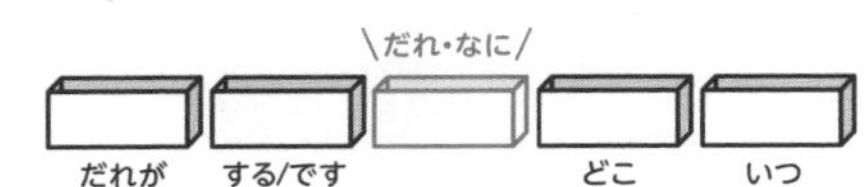

「だれ・なに」ボックスに入るもの

だれ・なに には、する／です の中身を具体的に説明する言葉が入ります。例えば、「○○に会う」「○○を食べる」の○○にあたる言葉です。このとき、「だれ・なに」という名前のとおり、〈人〉や〈もの〉が入ります。

▶ 金曜日はブラウン先生に会うんだ。／ 朝ごはんにパンを食べるんだ。

だれが	する／です	だれ・なに	どこ	いつ	
I 私は	meet 会う	Mr. Brown ブラウン先生に		on Fridays 金曜日に	.
I 私は	eat 食べる	bread パンを		for breakfast 朝食に	.

する／です に入る動詞によっては、〈人〉と〈もの〉の両方が入ることもあります。そのときは、ボックス名のとおり、「だれ」「なに」の順番に並べます。

▶ おじいちゃんが私にこのピアノをくれたの。

だれが	する／です	だれ・なに		どこ	いつ	
My grandpa 私の祖父が	gave くれた	me 私に	this piano このピアノを			.
		↑〈人〉	↑〈もの〉			

おじいちゃん
くれた
私に
だれ
このピアノ
なに

また、だれ・なに には、主語の様子や状態を表す言葉や、動作の様子を表す言葉も入ります。(p. 30「意味順 05」、p. 32「意味順 06」)

▶ 僕(ぼく)はおなかがすいています。／ユキは速く走るよ。

だれが	する／です	だれ・なに	どこ	いつ	
I 私は	am です	hungry おなかがすいた			.
Yuki ユキは	runs 走る	fast 速く			.

hungry (おなかがすいた)

fast (速く)

■ これも「だれ・なに」

意味順を確認しよう

Track 03

1 次の英文をそれぞれ適切なボックスに書きましょう。

例 Jun is my best friend.（ジュンは 僕(ぼく)の親友 です。）

だれが	する／です	だれ・なに	どこ	いつ	
Jun	is	my best friend			.

1 I like this song.（私は この歌が 好きです。）

だれが	する／です	だれ・なに	どこ	いつ	
					.

2 Ms. Takashima is a famous violinist.（タカシマさんは 有名なバイオリニスト です。）

だれが	する／です	だれ・なに	どこ	いつ	
					.

2 日本語に合うように、（ ）内の語句を適切なボックスに書きましょう。

1 去年、東京ドームでイチローを見たよ。（ Ichiro , I , saw ）

だれが	する／です	だれ・なに	どこ	いつ	
			in Tokyo Dome	last year	.

2 お風呂(ふろ)上りにアイスを食べます。（ eat , ice cream , I ）

だれが	する／です	だれ・なに	どこ	いつ	
				after bathing	.

3 おじいちゃん、おばあちゃんが毎年、私たちにリンゴを送ってくれる。
（ apples , my grandparents , send , us ）

だれが	する／です	だれ・なに		どこ	いつ	
					every year	.

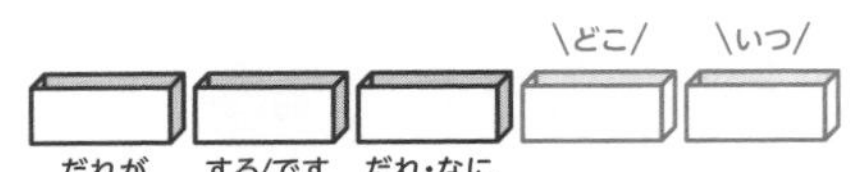

「どこ」「いつ」ボックスに入るもの

どこ には場所、いつ には時を表す言葉が入ります。場所と時の両方を伝えるときは、必ず「どこ」「いつ」の順番です。どこ いつ を使うと、状況(じょうきょう)を詳(くわ)しく説明できます。

▶ 毎週日曜日に公園でテニスをするんだよ。

だれが	する／です	だれ・なに	どこ	いつ	
I 私は	play する	tennis テニスを	in the park 公園で	on Sundays 毎週日曜日に	.

どこ に入る場所を表す言葉には、次のようなものがあります。

in my room (私の部屋に/で)　　on the table (テーブルの上に/で)
in London (ロンドンに/で)　　under the chair (いすの下に/で)
in the library (図書館に/で)　　around the world (世界中で)
at home (家で)　　to Tokyo (東京へ)

場所を表すときは、the kitchen（キッチン）や London（ロンドン）といった具体的な場所を表す言葉の前に、in（～の中に）や on（～の上に / ～に）などを置きます。この in や on は前置詞といいます。

いつ に入る表現には次のようなものがあります。

today (今日)　yesterday (昨日)　last night (昨夜)　last year (昨年)

前置詞を使う表現もあります。

on Saturdays (土曜日に)　　in the morning (午前中に/朝に)
after school (放課後に)　　in 1976 (1976年に)

▶ 放課後は図書館で数学を勉強します。

だれが	する／です	だれ・なに	どこ	いつ	
I 私は	study 勉強する	math 数学を	in the library 図書館で	after school 放課後に	.

Track 04

1 次の英文をそれぞれ適切なボックスに書きましょう。

1 I saw Mike in the park yesterday.（私は 昨日 公園で マイクを 見かけたよ。）

だれが	する／です	だれ・なに	どこ	いつ	
					.

2 My dog sleeps on the sofa every day.（ウチのイヌは 毎日 ソファの上で 寝る。）

だれが	する／です	だれ・なに	どこ	いつ	
					.

3 Mr. Hill comes to our school every Friday.
（ヒル先生は 毎週金曜日に 私たちの学校に 来ている。）

だれが	する／です	だれ・なに	どこ	いつ	
					.

2 左ページを参考にして、どこ と いつ に適切な語句を書きましょう。

1 私は朝、自分の部屋で英語のラジオを聞きます。

だれが	する／です	だれ・なに	どこ	いつ	
I	listen to	English radio			.

2 僕は毎日、図書館で宿題をします。

だれが	する／です	だれ・なに	どこ	いつ	
I	do	my homework			.

3 タマは午後、いすの下で眠る。

だれが	する／です	だれ・なに	どこ	いつ	
Tama	sleeps				.

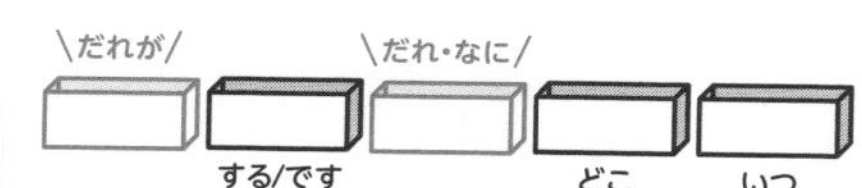

「名詞のカタマリ」を意識しよう

だれが や だれ・なに には、「お父さん」「医者」「机」「平和」など、〈人〉や〈物事〉を表す言葉が入ります。これらの言葉を名詞といいます。

英語では基本的に、名詞だけをそのままの形で使うことはありません。

例えば、名詞が表すものの数が1つのときは a を名詞の前につけます。母音（アイウエオに近い音）で始まる名詞の前には an をつけます。

数が2つ以上あるときは、名詞の最後に s または es をつけます（複数形）。数を表すために、two（2つの）や many（たくさんの）などを名詞の前に置くこともあります。

また、お互いが同じものを思い浮かべながら話すときは、the をつけます。the は「前の話に出たあの○○」「例の□□」など、「特定のもの」を表します。

このように、名詞の前につける a / an / the を冠詞といいます。

「1つのとき」

a book

an eraser

「2つ以上のとき」

two books

many dishes

「特定のもの」のとき

さらに、「おもしろい」や「かわいい」といった特徴は、冠詞と名詞の間に置きます。

an interesting book
（1冊のおもしろい本）

the cute pen
（そのかわいいペン）

このように2つ以上の単語でできた「名詞のカタマリ」を、だれが や だれ・なに で使います。

だれが	する／です	だれ・なに	どこ	いつ	
I 私は	have 飼っている	a cat 1匹のネコを			.
Japanese people 日本人は	see 見る	cherry blossoms 桜を		in spring 春に	.
Kids 子どもたちは	like 好きだ	the beautiful song そのきれいな歌が			.

「名詞のカタマリ」を確認しよう

Track 05

1 例にならって、□で囲み、「名詞のカタマリ」を確認しましょう。

例 [a book] (1冊の本)

1 a cat (1匹のネコ)

2 the teacher (その先生)

3 two dogs (2匹のイヌ)

4 three girls (3人の女の子)

5 many students (たくさんの学生)

2 文中にある名詞のカタマリを見つけて、□で囲みましょう。

例 I have [a book]. (本を1冊持っています。)

1 I want a cat. (ネコが欲しいんだ。)

2 You have a dog. (きみ、イヌ飼ってるよね。)

3 I will become a doctor. (僕は医者になるつもりだよ。)

4 I need two bags. (僕はかばんが2つ必要だ。)

5 Many students use a bicycle. (たくさんの学生が、自転車を使っているよ。)

● 日本語ではみんな「ネコ」だけど…

a cat
1匹のネコ

two cats
2匹のネコ

many cats
たくさんのネコ

the cat
(この前の)例のネコ

cats
世の中にいるネコという動物

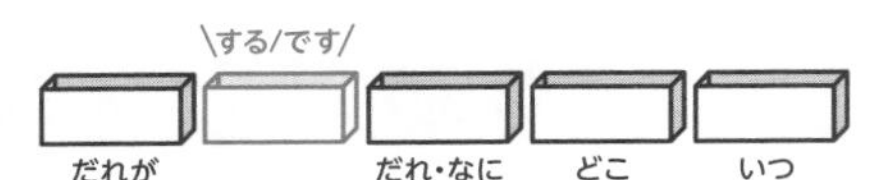

「～です」と伝える〈be 動詞の文〉

〈人〉や〈もの〉の特徴（とくちょう）や状態を説明するときは、するです に be 動詞を入れます。

be 動詞の文では、だれ・なに に主語の名前や職業、年齢（ねんれい）、性格や状態などを表す言葉が入ります。（p. 30「意味順 05」）

「私＝中学生」「私＝おなかがすいている」のように、2 つをイコールでつなぐイメージです。

■ I am だけでもいろいろ言える

I am a junior high school student.（私は中学生です。） 私＝中学生
I am hungry.（私はおなかがすいています。） 私＝おなかがすいている

また、どこ に場所を入れて、「～にいます」と説明することもできます。

▶ **私は今、京都にいます。**

だれが	する／です	だれ・なに	どこ	いつ	
I 私は	am いる		in Kyoto 京都に	now 今	.

be 動詞は、is / am / are の 3 つです。どの be 動詞を使うかは、だれが に入る主語によって決まっています。

	だれが	する／です	だれ・なに	
I（私は）	I 私は	am です	a tennis player テニス選手	.
You（あなたは）	You あなたは	are です	a baseball player 野球選手	.
その他単数の人・もの	Jun ジュンは	is です	a soccer player サッカー選手	.
複数（2 人・2 つ以上）	Jun and I ジュンと私は	are です	athletes スポーツ選手	.

be 動詞を覚える呪文（じゅもん） I am, You are, 複数 are, その他は全部 is ですよ！

練習しよう be 動詞の文

Track 06

1 主語に合う適切な be 動詞 (is / am / are) を書きましょう。

1 I ______ a tennis player. (私はテニス選手です。)

2 My name ______ Jun. (僕(ぼく)の名前はジュンです。)

3 You ______ lucky. (あなたは運がいいですね。)

2 日本語に合うように、だれが に適切な主語を、する／です に適切な be 動詞を書きましょう。

1 僕は忙(いそが)しいです。

だれが	する／です	だれ・なに	どこ	いつ	
		busy			.

2 きみは疲(つか)れているね。

だれが	する／です	だれ・なに	どこ	いつ	
		tired			.

3 ジュンは今、自分の部屋にいます。

だれが	する／です	だれ・なに	どこ	いつ	
			in his room	now	.

4 その映画 (The movie)、おもしろいよ。

だれが	する／です	だれ・なに	どこ	いつ	
		interesting			.

5 この料理 (This dish)、とてもおいしい。

だれが	する／です	だれ・なに	どこ	いつ	
		delicious			.

「～ではない」と伝える〈be 動詞の否定文〉

「～ではない」という文を、否定文といいます。
be 動詞の文では、する／です の be 動詞に not を加えると否定文になります。

am の文 のどがかわいたよ。→ のどはかわいてないよ。

だれが	する／です	だれ・なに	どこ	いつ	
I 私は	am です	thirsty のどがかわいた			.
I 私は	am not ではない	thirsty のどがかわいた			.
I'm not 私はではない		thirsty のどがかわいた			.

➊ I am の短縮形 I'm に not を加えることもできる。

be 動詞が are / is のときも、する／です に not を加えます。are not と is not は短縮することができます。

are not → aren't　　is not → isn't

are の文 ケンとリサはここにいる。→ ケンとリサはここにいない。

だれが	する／です	だれ・なに	どこ	いつ	
Ken and Risa ケンとリサは	are いる		here ここに		.
Ken and Risa ケンとリサは	are not [aren't] いない		here ここに		.

is の文 あの人はお姉ちゃんだよ。→ あの人はお姉ちゃんじゃない。

だれが	する／です	だれ・なに	
That girl あの女の子は	is です	my sister 私の姉	.
That girl あの女の子は	is not [isn't] ではない	my sister 私の姉	.

練習しよう be 動詞の否定文

Track 07

1 主語に合うbe 動詞の否定形（is not / am not / are not）を書きましょう。

1 The students ＿＿＿＿ ～.　2 Jun ＿＿＿＿ ～.

3 My sister ＿＿＿＿ ～.　4 I ＿＿＿＿ ～.

2 日本語に合うように、する／です に入る適切な語句を（　）から選び、書きましょう。

1 それは砂糖じゃないよ。それは塩だよ。（is / is not）

だれが	する／です	だれ・なに	どこ	いつ	
That		sugar			.
It		salt			.

2 これはライオンじゃないよ。それはネコだよ。（is / isn't）

だれが	する／です	だれ・なに	どこ	いつ	
This		a lion			.
It		a cat			.

3 切手はテーブルの上にあります。箱の中じゃないからね。（are / aren't）

だれが	する／です	だれ・なに	どこ	いつ	
The stamps			on the table		.
They			in the box		.

3 日本語に合うように、語句を並べかえて、英文をつくりましょう。

1 吾輩(わがはい)は猫(ねこ)ではない。（a cat / am / I / not / .）

2 このカレー、辛(から)くないよ。（hot / is / not / this curry / .）

3 カギが壁(かべ)に掛(か)かっていないよ。（is / not / on the wall / the key / .）

意味順 03

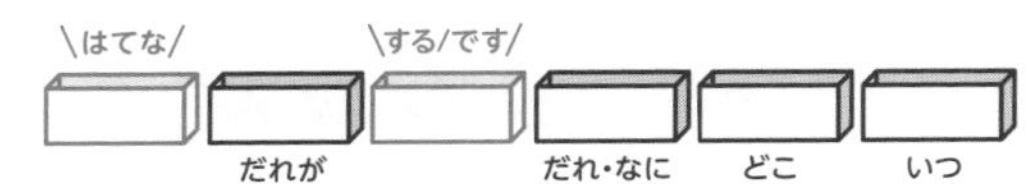

「〜ですか」とたずねる〈be 動詞の疑問文〉

たずねる文（疑問文）にするには、いつもの意味順ボックスの先頭に、特別なボックスを追加します。「はてなボックス」と呼びます。

be 動詞を使った文を、「〜ですか?」という疑問文にするには、する／です にあった be 動詞を はてな に移動します。文の最後にはクエスチョンマーク（?）をつけます。

ふつうの文 きみは疲(つか)れているんだよ。　疑問文 きみは疲れているの?

はてな	だれが	する／です	だれ・なに	どこ	いつ	
---	You あなたは	are です	tired 疲れている			.
Are ですか?	you あなたは	--- （はてな に移動して空っぽ）	tired 疲れている			?

この疑問文への答え方は、Yes, I am. / No, I'm not. です。

ふつうの文 ロブは料理が上手な人なんだよ。　疑問文 ロブは料理が上手な人なの?

はてな	だれが	する／です	だれ・なに	どこ	いつ	
---	Rob ロブは	is です	a good cook 料理の上手な人			.
Is ですか?	Rob ロブは	--- （はてな に移動して空っぽ）	a good cook 料理の上手な人			?

この疑問文への答え方は、Yes, he is. / No, he isn't. です。

主語が複数の場合でも同じように疑問文をつくります。

Are Hiro and Ken in the classroom now? （ヒロとケンは今、教室にいるの?）
— Yes, they are. / No, they aren't. （うん、いるよ。／ううん、いないよ。）

練習しよう be 動詞の疑問文

Track 08

1 色付きのボックスに適切な語や符号を補い、上の意味順ボックスの英文を疑問文にしましょう。

1 きみは忙しい。→ きみは忙しいの？

はてな	だれが	する／です	だれ・なに	どこ	いつ	
---	You	are	busy			.
			busy			

2 ジュンは今、自分の部屋にいる。→ ジュンは今、自分の部屋にいるの？

はてな	だれが	する／です	だれ・なに	どこ	いつ	
---	Jun	is		in his room	now	.
				in his room	now	

2 上の段の意味順ボックスの英文を疑問文にし、適切なボックスに書きましょう。

1 その校舎は古い。→ その校舎は古いんですか。

はてな	だれが	する／です	だれ・なに	どこ	いつ	
---	The school building	is	old			.

2 彼らは新しい先生です。→ 彼らは新しい先生ですか。

はてな	だれが	する／です	だれ・なに	どこ	いつ	
---	They	are	new teachers			.

3 日本語に合うように、語句を並べかえて、英文をつくりましょう。

1 サッカーファンなの？（ a soccer fan / are / you / ? ）

2 鈴木先生は理科室にいますか。（ Mr. Suzuki / in the science room / is / ? ）

be 動詞の仕上げ

be 動詞の文が表すこと

名前、職業、年齢(ねんれい)、性格・状態、出身、どこにいるか（あるか）など

ふつうの文 ➔ 意味順 01

だれが	する／です	だれ・なに	どこ	いつ	
Mr. Kato 加藤先生は	is です	a good teacher よい先生			.
I 私は	am です	hungry おなかがすいた			.
Hiro and Ken ヒロとケンは	are です	classmates クラスメイトたち			.

☑ だれが の主語によって be 動詞の形が変わります。呪文(じゅもん)を覚えていますか？

I am, You are, 複数 are, その他は全部 is ですよ！

否定文 ➔ 意味順 02

だれが	する／です	だれ・なに	どこ	いつ	
Kate ケイトは	is not ではない	an American アメリカ人			.

☑ する／です の be 動詞に not をつけます。

☑ 短縮形も覚えましょう。are not → aren't / is not → isn't

疑問文 ➔ 意味順 03

はてな	だれが	する／です	だれ・なに	どこ	いつ	
---	You あなたは	are です	tired 疲れている			.
Are ですか？	you あなたは	---	tired 疲れている			?

☑ する／です にあった be 動詞を先頭の はてな に移動します。

☑ 文の始まりは大文字になることに注意しましょう。

☑ 答え方：Yes, I am. / No, I'm not.

並べかえ問題で仕上げよう　be 動詞の文

Track 09

日本語に合うように、語句を並べかえて、英文をつくりましょう。

1 僕(ぼく)は大谷(おおたに)翔平(しょうへい)選手のファンです。(a fan of / am / Ohtani Shohei / I / .)

2 私は埼玉出身です。(is / my hometown / Saitama / .)

3 ケンと私は同級生だよ。(are / classmates / Ken and I / .)

4 疲(つか)れてないよ。(am / I / tired / not / .)

5 それは大した問題じゃないよ。(a big problem / is / it / not / .)

6 私のスマホは新しくないよ。(is / my smartphone / new / not / .)

7 ジュンは図書館にいるの？ (in the library / is / Jun / ?)

8 お肉かたい？ (the meat / is / tough / ?)

9 吉田(よしだ)先生は英語の先生？ (an English teacher / is / Mr. Yoshida / ?)

10 〈9 に答えて〉うん、そうだよ。(he / is / yes, / .)

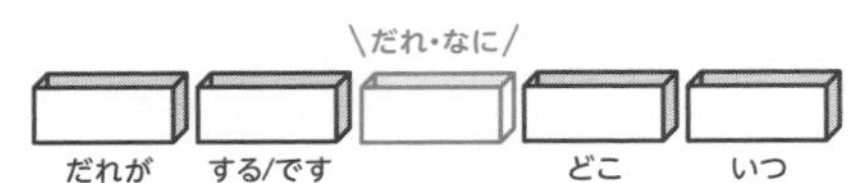

人やものの状態や特徴を伝える〈形容詞〉

be 動詞を使うと、「疲れている」「親切な」といった、主語の〈状態〉や〈特徴〉を表すことができます。〈状態〉や〈特徴〉を表す言葉を形容詞といいます。形容詞は、**だれ・なに** に入ります。(p. 16「基本 03」)

▶ **ジュンは疲れています。**

だれが	する／です	だれ・なに	どこ	いつ	
Jun ジュンは	is です	tired (← 形容詞) 疲れている			.

「疲れている」や「親切な」という言葉は、**だれ・なに** というボックス名に合わないと思うかもしれません。実は **だれ・なに** には、もうひとつ「どんな」という役割があるのです。

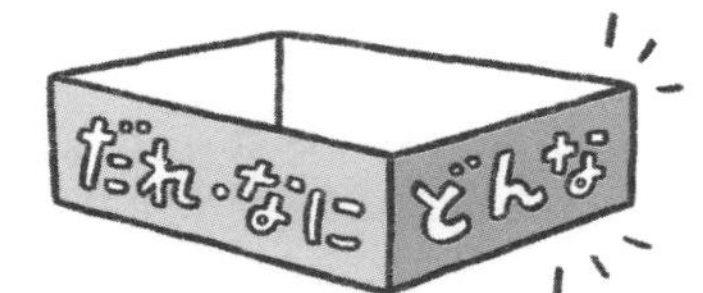

■「だれ・なに」ボックスのもう１つの側面

だれが	する／です	だれ・なに	どこ	いつ	
Jun ジュンは	is です	kind 親切な			.

↑「どんな」を表す言葉も **だれ・なに** に入る！

この本では「だれ・なにボックス」と呼びますが、このボックスには人やもの以外にも、「どんな」にあたる形容詞が入ります。

■「だれ・なにボックス」に入るけど、実は「どんな」を表します

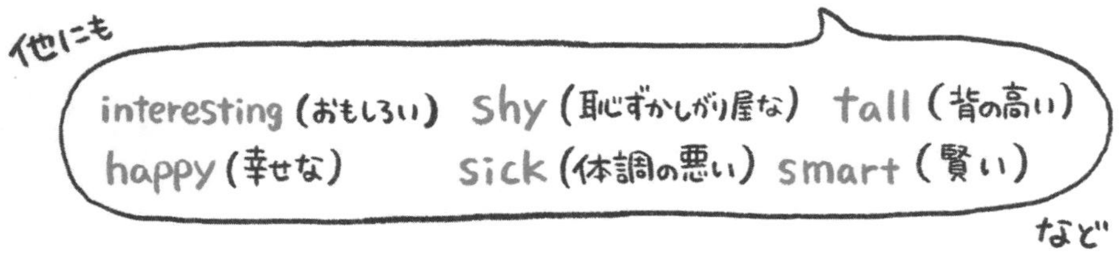

だれが	する／です	だれ・なに	どこ	いつ	
This book この本は	is です	interesting おもしろい			.

1 日本語の意味を表す形容詞を [ ] から選んで書きましょう。

Track 10

1 おなかがすいた ______

2 うれしい ______

3 美しい ______

4 青い目 ______ eyes

5 新しい友だち my ______ friend

6 悲しい物語 a ______ story

beautiful　blue　happy　hungry　new　sad

2 日本語に合うように、だれ・なに に適切な語句を書きましょう。

1 うれしいなぁ。

だれが	する／です	だれ・なに	どこ	いつ	
I	am				.

2 僕(ぼく)のネコは青い目をしています。

だれが	する／です	だれ・なに	どこ	いつ	
My cat	has				.

3 こちらは私の新しい友だちです。

だれが	する／です	だれ・なに	どこ	いつ	
This	is				.

3 日本語に合うように、語句を並べかえて、英文をつくりましょう。

1 今日は体調が悪いんだ。（ am / I / sick / today / . ）

______

2 この話はとても悲しいね。（ is / sad / this story / very / . ）

______

3 桜は美しいですよ。（ are / beautiful / the cherry blossoms / . ）

______

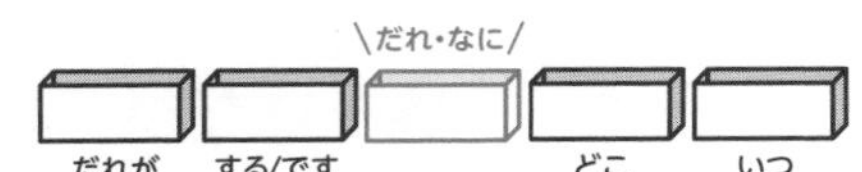

動作の様子を伝える〈副詞〉

「どんな」という一面をもつ だれ・なに には、動作を「どのように」するのかを説明する言葉も入ります。このような言葉を副詞といいます。(p. 16「基本 03」)

例えば、run fast（速く走る）や walk quietly（静かに歩く）のように、走るスピードや歩く様子を表します。

▶ユウキは速く走るんだよ。

だれが	する／です	だれ・なに	どこ	いつ	
Yuki ユウキは	runs 走る	fast（← 副詞） 速く			.

↑「どのように」を表す言葉も だれ・なに に入る！

副詞は主に、 する／です に入っている動詞が表す動作を、詳しく説明します。よく使う副詞には、以下のようなものがあります。

※ -lyで終わる語は副詞の場合が多い。

副詞のある文では、 だれ・なに に〈人・もの〉を表す言葉と「どのように」を表す言葉が両方入ることもあります。

▶ティムはピアノを上手に弾く。

だれが	する／です	だれ・なに		どこ	いつ	
Tim ティムは	plays 弾く	the piano ピアノを	well 上手に			.
		↑〈もの〉	↑「どのように」			

練習しよう　副詞

Track 11

1 日本語に合うように、適切な副詞を [ ] から選んで書きましょう。

1 一生懸命(けんめい)に練習する　practice ______

2 速く泳ぐ　swim ______

3 注意深く聞く　listen ______

4 家を早く出る　leave home ______

carefully
early
fast
hard

2 日本語に合うように、だれ・なに に適切な語句を書きましょう。

1 月曜日は家を早く出るんだ。

だれが	する／です	だれ・なに		どこ	いつ	
I	leave				on Mondays	.

2 アツシはピアノを上手に弾く。

だれが	する／です	だれ・なに		どこ	いつ	
Atsushi	plays					.

3 ジュンは一生懸命、サッカーの練習をしている。

だれが	する／です	だれ・なに		どこ	いつ	
Jun	practices					.

3 日本語に合うように、語句を並べかえて、英文をつくりましょう。

1 僕(ぼく)は毎日早起きしている。(early / every morning / get up / I / .)

______

2 弟は料理が上手です。(cooks / my brother / well / .)

______

3 手島先生は授業中はっきりと話してくれる。
(clearly / in class / speaks / Mr. Teshima / .)

______

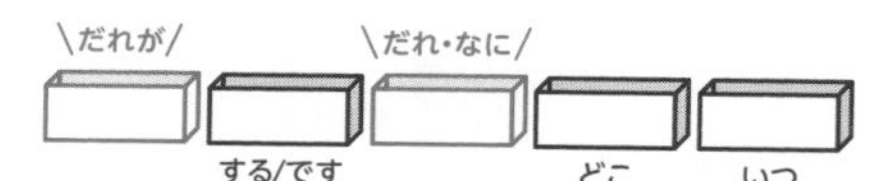

名詞のカタマリを代名詞にする

だれが や だれ・なに には、〈人〉や〈もの〉を表す名詞が入ります。

名詞は、a lovely old Japanese dog（1匹のかわいくて年をとった日本のイヌ）のように、長いカタマリになることもあります。しかし、そのイヌの話をするたびに長いカタマリを何度も言うのは大変です。

そのため2回め以降は代名詞の it（それ）に置きかえます。

Kei: I have a lovely old Japanese dog.
（私は1匹のかわいくて年とった日本イヌを飼ってるの。）

Meg: Oh, really? I want to see it!
（あら、本当？ それ見てみたいな。）

Kei: Okay. It is ...
（いいよ。それはね…）

代名詞は、置きかえるものが〈人〉か〈もの〉か、女性か男性か、1人［1つ］か複数かによって形が異なります。また、だれが に入るか、だれ・なに に入るかでも形が違います。

代名詞の変化

	私	私たち	あなた あなたたち	彼（男性）	彼女（女性）	それ（人間以外）	彼ら／彼女ら それら
だれが 形	I	We	You	He	She	It	They
だれ・なに 形	me	us	you	him	her	it	them

代名詞の使い分け

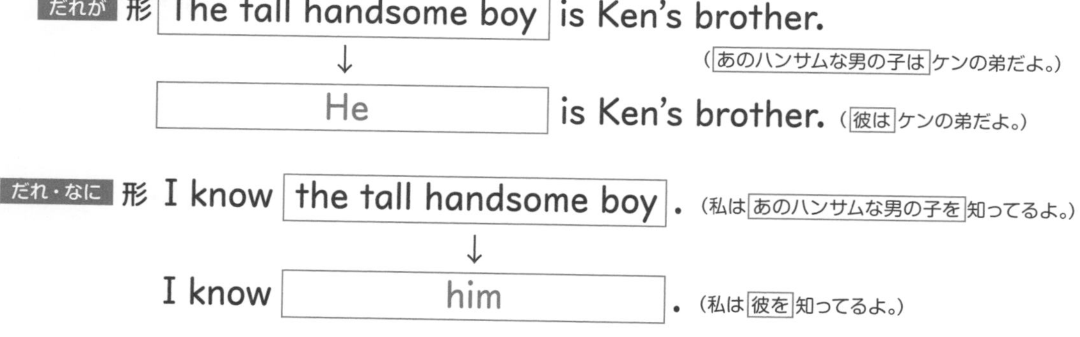

文の中で、with や on などの前置詞と代名詞を組み合わせるときは、だれ・なに 形を使います。

with her（彼女といっしょに）　on it（それの上で）　for them（それらのために）

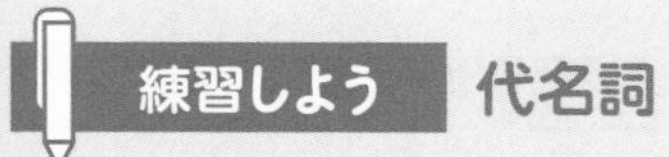

練習しよう 代名詞

Track 12

1 次の名詞のカタマリを代名詞にするときの だれが 形と だれ・なに 形を空所に書きましょう。

	だれが 形	だれ・なに 形
例 my sister	She	her
1 the boy		him
2 Ms. Suzuki	She	
3 my teachers		them
4 your father		
5 his dog	It	
6 a cute young Japanese girl		

2 文中から だれが に入る名詞のカタマリを見つけて □ で囲み、代名詞に置きかえましょう。

例 [My mother] is a teacher. → She

1 The boy watches soccer on TV every Saturday. → ______

2 His dog is very big. → ______

3 文中から だれ・なに に入る名詞のカタマリを見つけて □ で囲み、代名詞にしましょう。

例 I don't like [that man]. → him

1 Look at those books. → ______

2 Ms. Suzuki walks with her son every morning. → ______

● **It の特別な使い方**

時間や天気を表す場合、だれが に It を入れて使います。

It is ten o'clock. (10 時です。)

It is sunny today. (今日は晴れです。)

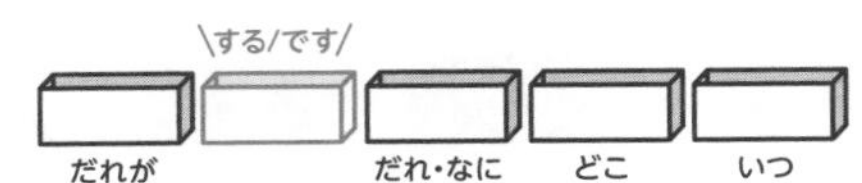

「〜する」と伝える〈一般動詞の文〉

read（読む）、swim（泳ぐ）、like（好む）、think（思う）など、動作や心の動きを表す動詞を一般動詞といいます。**する／です** に一般動詞が入る文では、主語の日頃（ひごろ）の習慣（ふだんすること）を表現します。

▶ 僕（ぼく）は本を読みます。

だれが	する／です	だれ・なに	どこ	いつ	
I 私は	read 読む	books 本を			.

いつも本を読むんだ

■ I read books.
ふだんすることを伝える

一般動詞は、主語が You や複数の場合、形は変わりません。

主語が You きみはイヌが好きなんだね。

だれが	する／です	だれ・なに	どこ	いつ	
You あなたは	like 好きだ	dogs イヌが			.

主語が複数 日本人はマグロを食べます。

だれが	する／です	だれ・なに	どこ	いつ	
Japanese people 日本人は	eat 食べる	tuna マグロを			.

「食べる」「好き」のように、「何を食べるか」「何が好きか」を伝える一般動詞は **だれ・なに** に〈人〉や〈もの〉が入ります。しかし、swim（泳ぐ）、run（走る）、dance（踊（おど）る）、go（行く）、get up（起きる）などのように、「何を」「何が」と伝える必要のない場合は、**だれ・なに** に〈人〉や〈もの〉は入りません。

だれが	する／です	だれ・なに	どこ	いつ	
We 私たちは	get up 起きる	---		at six 6 時に	.
You あなたは	swim 泳ぐ	fast 速く			.

↑〈人〉や〈もの〉は入らないけど、「どんな」は入る！

練習しよう 一般動詞の文

Track 13

1 日本語に合うように、適切な動詞を ＿ から選びましょう。

1 ホールで歌う

＿＿＿ in the hall

2 パレードを見る

＿＿＿ the parade

3 英語を学ぶ

＿＿＿ English

4 公園を歩く

＿＿＿ in the park

learn　sing　walk　watch

2 日本語に合うように、適切なボックスに主語と動詞を書きましょう。

1 私は毎朝、公園を歩きます。

だれが	する／です	だれ・なに	どこ	いつ	
			in the park	every morning	.

2 私たちは 10 月にホールで歌います。

だれが	する／です	だれ・なに	どこ	いつ	
			in the hall	in October	.

3 私たちは放課後、音楽室でギターを弾（ひ）きます。

だれが	する／です	だれ・なに	どこ	いつ	
		the guitar	in the music room	after school	.

3 日本語に合うように、語句を並べかえて、英文をつくりましょう。

1 朝食は 6 時 30 分に食べます。（ at 6:30 / breakfast / eat / I / . ）

2 本たくさん持ってるんだね。（ have / many books / you / . ）

3 放課後に教室の掃除（そうじ）をします。（ after school / clean / the classroom / we / . ）

意味順 08

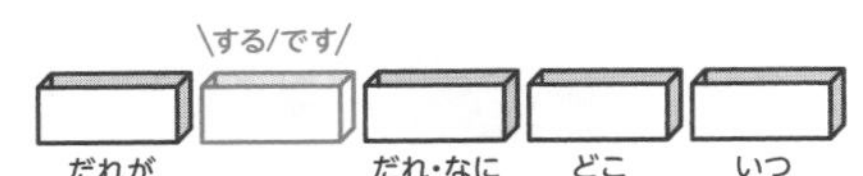

「だれがするか」で動詞の形が変わる①〈三単現の s〉

だれが に入る主語は、自分との関係によって3種類に分けられます。この分け方を「人称(にんしょう)」といいます。

話している本人(I)を一人称、話を聞いている相手(You)を二人称、それ以外の人たちを三人称といいます。「お兄ちゃん」「田中先生」「ジュンくん」などが「三人称」です。

主語が「三人称」で、なおかつ「単数(1人・1つ)」で、その文が「現在のこと(今のこと)」を表しているとき、する／です ボックスの一般動詞の語尾に s や es をつけるというルールがあります。この s や es を〈三単現の s〉といいます。

	だれが	する／です	だれ・なに	いつ	
一人称単数現在	I	drink	milk	every day	.
二人称単数／複数現在	You	drink	milk	every day	.
三人称単数現在	Jun	drinks	milk	every day	.
三人称複数現在	Miki and Yuka	drink	milk	every day	.

■「私」も「あなた(たち)」も「ミキとユカ」も「毎日、牛乳を飲む」けど、ジュンだけ drinks！

主語が「代名詞」や「人以外のもの」でも〈三単現の s〉がつきます。

	だれが	する／です	だれ・なに	どこ	
主語が代名詞 ➔	He 彼は	likes 好きだ	milk 牛乳が		.
主語が人以外のもの ➔	My cat 私のネコは	sleeps 眠る		under my bed 私のベッドの下で	.

Track 14

1 それぞれの動詞を、主語に合わせた形にしましょう。

1 I play the piano. Mari ________ the violin.

2 I cook fish well. Maki ________ curry well.

3 I drink orange juice. Jun ________ tea.

2 日本語に合うように適切な動詞を（　）から選び、する／です に書きましょう。

1 私は東京に住んでいます。柴田（しばた）さんは福岡に住んでいます。（ live / lives ）

だれが	する／です	だれ・なに	どこ	いつ	
I			in Tokyo		.
Ms. Shibata			in Fukuoka		.

2 僕（ぼく）は毎朝、牛乳を飲みます。祖父は毎日、緑茶を飲みます。（ drink / drinks ）

だれが	する／です	だれ・なに	どこ	いつ	
I		milk		every morning	.
My grandfather		green tea		every day	.

3 きみはスマホが欲（ほ）しいんだね。マサエは新しいノートパソコンを欲しがっている。
（ want / wants ）

だれが	する／です	だれ・なに	どこ	いつ	
You		a smartphone			.
Masae		a new laptop			.

3 日本語に合うように、語句を並べかえて、英文をつくりましょう。

1 母は家では中国語を話します。（ at home / Chinese / my mother / speaks / . ）

____

2 父は 8 時に帰宅します。（ at eight / comes / my father / home / . ）

____

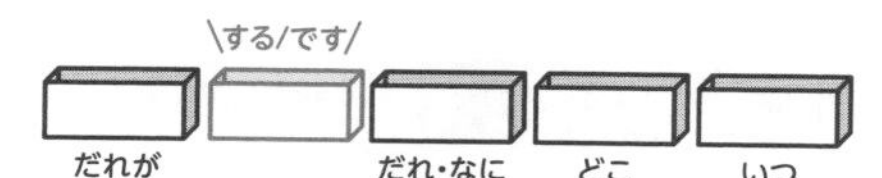

「だれがするか」で動詞の形が変わる② 〈三単現の s〉

動詞の語尾に s または es をつける方法は、大きく分けて４つのパターンがあります。

❶ es をつける

wash → washes
洗う

teach → teaches
教える

go → goes
行く

S.O.X.Sh.ch で終わる動詞

❷ y を ies にする

study → studies
勉強する

play や enjoy は例外で そのまま s をつけます

❸ 特別な形にする

have → has
持っている

❹ その他は そのまま s をつける

like → likes
好き

want → wants
欲しい

play → plays
する

study や try のように y で終わる動詞は、y をとって ies をつけます（❷）。ただし、y で終わる動詞でも、そのまま s をつけるものもあります。y の前に母音（a / i / u / e / o に近い音）がある場合です（❹）。have（持っている）は特別で has になります（❸）。

▶ 日本には四季がある。

だれが	する／です	だれ・なに	どこ	いつ	
Japan 日本は	has 持っている	four seasons ４つの季節を			.

⬆ have は has になる！

一人称の文　僕（ぼく）は日曜日に映画を見る。　三人称の文　加藤（かとう）先生は日曜日は映画を見る。

だれが	する／です	だれ・なに	どこ	いつ	
I 私は	watch 見る	movies 映画を		on Sundays 日曜日に	.
Mr. Kato 加藤先生は	watches 見る	movies 映画を		on Sundays 日曜日に	.

⬆ watch は watches になる！

練習しよう　三単現の s

Track 15

1 それぞれの動詞を、主語に合わせた形にしましょう。

1 I study English.　　Chihiro ______ French.

2 I teach math.　　Ms. Matsuda ______ history.

3 I wash my bicycle.　　My father ______ dishes.

2 日本語に合うように適切な動詞を（　）から選び、する／です に書きましょう。

1 僕には兄が 1 人います。アユムには姉が 1 人います。（ have / has ）

だれが	する／です	だれ・なに	どこ	いつ	
I		a brother			.
Ayumu		a sister			.

2 私は小学校で教えています。父は高校で理科を教えています。（ teach / teaches ）

だれが	する／です	だれ・なに	どこ	いつ	
I			in an elementary school		.
My father		science	in a high school		.

3 私は中学校で英語を勉強している。姉は大学でフランス語を勉強している。
（ study / studies ）

だれが	する／です	だれ・なに	どこ	いつ	
I		English	in junior high school		.
My sister		French	in university		.

3 日本語に合うように、語句を並べかえて、英文をつくりましょう。

1 お父さんは毎日テレビを見る。（ every day / my father / TV / watches / . ）

______

2 兄は日曜日に洗車します。（ his car / my brother / on Sundays / washes / . ）

______

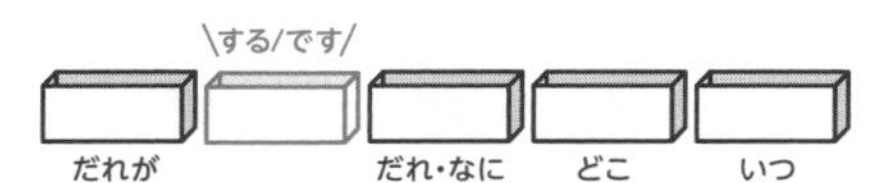

「〜しない」と伝える①〈一般動詞の否定文：don't〉

「月曜日はテレビを見ない」「納豆（なっとう）が好きではない」のように、「〜しない」という文は、一般動詞の否定文で表します。

一般動詞の否定文は、主語が一人称（I / We）、二人称（You）、複数（Miki and Yuka / They など）の場合、**する／です** に入る動詞の前に don't（= do not）を置きます。

ふつうの文 私は月曜日にテレビを見ます。 **否定文** 私は月曜日はテレビを見ません。

だれが	する／です	だれ・なに	いつ	
I 私は	watch 見る	TV テレビを	on Mondays 月曜日に	.
I 私は	don't watch 見ない	TV テレビを	on Mondays 月曜日は	.

ふつうの文 僕（ぼく）は納豆が好きだ。

否定文 僕は納豆が好きじゃない。

だれが	する／です	だれ・なに	
I 私は	like 好きだ	natto 納豆が	.
I 私は	don't like 好きではない	natto 納豆が	.

主語が You や複数のときも、動詞の前に don't を置いて否定文にします。

だれが	する／です	だれ・なに	どこ	いつ	
You あなたは	don't eat 食べない	meat 肉を			.
We 私たちは	don't study 勉強しない	math 数学を	at school 学校で	on Wednesdays 水曜日は	.
Miki and Yuka ミキとユカは	don't drink 飲まない	coffee コーヒーを			.

練習しよう　一般動詞の否定文：don't

Track 16

1　次の動詞に don't を加えて、否定の形にしましょう。

1 get up ＿＿＿＿＿＿＿＿　2 have ＿＿＿＿＿＿＿＿

3 play ＿＿＿＿＿＿＿＿　4 know ＿＿＿＿＿＿＿＿

5 like ＿＿＿＿＿＿＿＿　6 drink ＿＿＿＿＿＿＿＿

2　日本語に合うように、適切なボックスに語句を補い、2 つめの文を完成させましょう。

1 僕は月曜日は練習があります。木曜日は練習がありません。

だれが	する／です	だれ・なに	どこ	いつ	
I	have	a practice		on Mondays	.
I		a practice		on Thursdays	.

2 私は平日は 6 時半に起きます。日曜日は 6 時半には起きません。

だれが	する／です	だれ・なに	どこ	いつ	
I	get up			at 6:30 on weekdays	.
I				at 6:30 on Sundays	.

3 私たちは給食で牛乳を飲みます。コーヒー牛乳は飲みません。

だれが	する／です	だれ・なに	どこ	いつ	
We	drink	milk		for school lunch	.
We		coffee-flavored milk			.

3　日本語に合うように、語句を並べかえて、英文をつくりましょう。

1 きみはソフトテニスはしないよね。（ don't / soft tennis / play / you / . ）

＿＿＿＿＿＿＿＿＿＿＿＿＿＿＿＿

2 僕たちはネコが苦手なんだ。（ cats / don't / like / we / . ）

＿＿＿＿＿＿＿＿＿＿＿＿＿＿＿＿

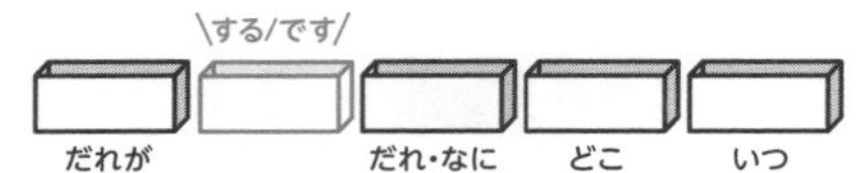

「〜しない」と伝える② 〈一般動詞の否定文：doesn't〉

主語が三人称単数の文を否定文にするときは、doesn't を使います。(p. 38「意味順 08」、p. 40「意味順 09」)

I 私は今日、赤ペンを持ってない。
三人称単数 マイクは今日、赤ペンを持ってない。

だれが	する／です	だれ・なに	いつ	
I 私は	don't have 持っていない	a red pen 赤ペンを	today 今日	.
Mike マイクは	doesn't have 持っていない	a red pen 赤ペンを	today 今日	.

↑ 三人称単数　↑ don't ではなく doesn't

三人称単数が主語の場合、ふつうの文では動詞の語尾に s / es をつけます。しかし否定文では doesn't の後ろの動詞に s / es はつけません。このように、変化していない動詞の形を原形といいます。

■「原形」とは

Jun plays soccer.
三単現のSがついた形
Jun doesn't play tennis.
原形

ふつうの文 ブラウンさんは朝食に納豆(なっとう)を食べます。
否定文 ブラウンさんは朝食に納豆を食べません。

だれが	する／です	だれ・なに	どこ	いつ	
Mr. Brown ブラウンさんは	eats 食べる	natto 納豆を		for breakfast 朝食に	.
Mr. Brown ブラウンさんは	doesn't eat 食べない	natto 納豆を		for breakfast 朝食に	.

ふつうの文 アヤは家で眼鏡(めがね)をかける。
否定文 アヤは学校で眼鏡をかけない。

だれが	する／です	だれ・なに	どこ	いつ	
Aya アヤは	wears 身につける	glasses 眼鏡を	at home 家で		.
Aya アヤは	doesn't wear 身につけない	glasses 眼鏡を	at school 学校で		.

練習しよう　一般動詞の否定文：doesn't

Track 17

1 次の動詞の原形を書きましょう。

1 gets ＿＿＿＿　2 eats ＿＿＿＿

3 plays ＿＿＿＿　4 comes ＿＿＿＿

5 studies ＿＿＿＿　6 watches ＿＿＿＿

7 lives ＿＿＿＿　8 tries ＿＿＿＿

2 日本語に合うように、適切なボックスに語句を補い、2つめの文を完成させましょう。

1 広瀬（ひろせ）さんは東京に住んでいます。静岡には住んでいません。

だれが	する／です	だれ・なに	どこ	いつ	
Ms. Hirose	lives		in Tokyo		.
She			in Shizuoka		.

2 姉は高校でテニスをしています。卓球（たっきゅう）はしていません。

だれが	する／です	だれ・なに	どこ	いつ	
My sister	plays	tennis	in high school		.
She		table tennis			.

3 ミルワード先生は水曜日にこの学校に来ます。木曜日は来ません。

だれが	する／です	だれ・なに	どこ	いつ	
Mr. Milward	comes		to this school	on Wednesdays	.
He			here	on Thursdays	.

3 日本語に合うように、語句を並べかえて、英文をつくりましょう。

1 ユミはゲームをしないよ。（ doesn't / games / play / Yumi / . ）

＿＿＿＿＿＿＿＿

2 祖父はテレビを見ません。（ doesn't / my grandfather / TV / watch / . ）

＿＿＿＿＿＿＿＿

意味順 12

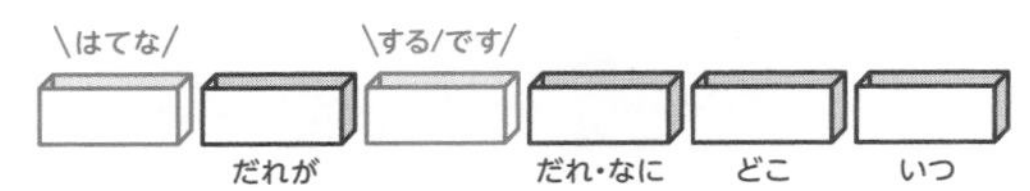

「～しますか」とたずねる① 〈一般動詞の疑問文：Do〉

一般動詞の文を疑問文にするときも be 動詞の文と同じく はてな を使います。(p. 26「意味順 03」)

主語が一人称（I / We）、二人称（You）、複数（Miki and Yuka / They など）の場合、「この文は疑問文です」という印として、はてな に Do を入れます。否定文でも、don't（= do not）を使うように、do にはその文が疑問文や否定文であるということを伝える役割があります。

I play the piano.
ふつうの文が…

否定文 I don't play the piano.
疑問文 Do you play the piano?

ふつうの文 あなたは毎日ピアノを練習します。
疑問文 あなたは毎日ピアノを練習しますか。

はてな	だれが	する／です	だれ・なに	どこ	いつ	
---	You あなたは	practice 練習する	the piano ピアノを		every day 毎日	.
Do しますか？	you あなたは	practice 練習する	the piano ピアノを		every day 毎日	?

Do のあとの語順はふつうの文と同じで、最後にクエスチョンマーク（？）をつけます。

答え方は、Yes, I do. / No, I don't. です。Do を使ってたずねられたら、do を使って答えます。

主語が複数のときも、はてな に Do を置き、最後にクエスチョンマークをつけます。

ふつうの文 彼(かれ)らは日曜日に学校でテニスをします。
疑問文 彼らは日曜日に学校でテニスをしますか。

はてな	だれが	する／です	だれ・なに	どこ	いつ	
---	They 彼らは	play する	tennis テニスを	at school 学校で	on Sundays 日曜日に	.
Do しますか？	they 彼らは	play する	tennis テニスを	at school 学校で	on Sundays 日曜日に	?

答え方は、Yes, they do. / No, they don't. です。

Track 18

1 色付きのボックスに適切な語や符号(ふごう)を補って、2 つめの文（疑問文）を完成させましょう。

1 きみはイヌを飼っているね。ネコは飼っているの？

はてな	だれが	する／です	だれ・なに	どこ	いつ	
---	You	have	a dog			.
		have	a cat			

2 きみは毎日、数学の勉強をしているね。社会の勉強は毎日しているの？

はてな	だれが	する／です	だれ・なに	どこ	いつ	
---	You	study	math		every day	.
		study	social studies		every day	

2 日本語に合うように、2 つめの文（疑問文）を英語にし、適切なボックスに書きましょう。

1 きみは和食が好きなんだね。中華(ちゅうか)（Chinese food）は好き？

はてな	だれが	する／です	だれ・なに	どこ	いつ	
---	You	like	Japanese food			.

2 きみは毎日、電車を使うね。毎日バス（a bus）は使うの？

はてな	だれが	する／です	だれ・なに	どこ	いつ	
---	You	take	a train		every day	.

3 彼らは火曜日に体育館でバスケットボールをする。彼らは金曜日（Friday）は体育館でバスケットボールをするの？

はてな	だれが	する／です	だれ・なに	どこ	いつ	
---	They	play	basketball	in the gym	on Tuesdays	.

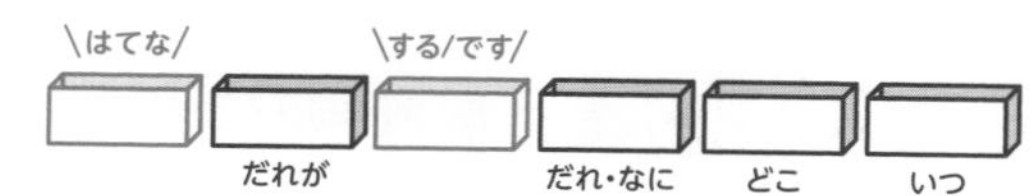

「〜しますか」とたずねる②〈一般動詞の疑問文：Does〉

主語が三人称単数の文を疑問文にするときは、Does を使います。（p. 38「意味順 08」、p. 40「意味順 09」）

You きみはピアノを弾く？
三人称単数 ケイはピアノを弾く？

はてな	だれが	する／です	だれ・なに	
Do しますか？	you あなたは	play 弾く	the piano ピアノを	?
Does しますか？	Kei ケイは	play 弾く	the piano ピアノを	?

三人称単数が主語のとき、ふつうの文では動詞の語尾に s / es をつけます。しかし、疑問文では する／です に入る動詞はいつでも原形になります。

ふつうの文 ビルは家で料理をします。 **疑 問 文** ビルは家で料理しますか。

はてな	だれが	する／です	だれ・なに	どこ	いつ	
---	Bill ビルは	cooks 料理する		at home 家で		.
Does しますか？	Bill ビルは	cook 料理する		at home 家で		?

↑ Does がある　　↑ 原形になる！

答え方は、Yes, he does. / No, he doesn't.（いいえ、ちがいます）です。Does を使ってたずねられたので、does を使って答えます。Bill は男性なので、代名詞の he を使います。

ふつうの文 アンはチョコレートが好き。 **疑 問 文** アンはチョコレートが好きですか。

はてな	だれが	する／です	だれ・なに	どこ	いつ	
---	Ann アンは	likes 好きだ	chocolate チョコレートが			.
Does しますか？	Ann アンは	like 好きだ	chocolate チョコレートが			?

答え方は、Yes, she does. / No, she doesn't. です。Ann は女性なので、代名詞は she を使います。

練習しよう　一般動詞の疑問文：Does

Track 19

1 日本語に合うように適切なボックスに語や符号を補い、2つめの文を完成させましょう。

1 ジュンは毎朝、牛乳を飲んでいる。彼はコーヒーは飲むの？

はてな	だれが	する／です	だれ・なに	どこ	いつ	
---	Jun	drinks	milk		every morning	.
			coffee			

2 マキは体育館でバレーボールをする。彼女はフットサルはするの？

はてな	だれが	する／です	だれ・なに	どこ	いつ	
---	Maki	plays	volleyball	in the gym		.
			futsal			

2 日本語に合うように、2つめの文（疑問文）を英語にし、適切なボックスに書きましょう。

1 ケントはバスケットボールをします。彼はサッカー（soccer）はしますか。

はてな	だれが	する／です	だれ・なに	どこ	いつ	
---	Kento	plays	basketball			.

2 ユカはフランス語を勉強します。彼女はドイツ語（German）は勉強しますか。

はてな	だれが	する／です	だれ・なに	どこ	いつ	
---	Yuka	studies	French			.

3 佐々木さんは毎日朝食を作ります。彼は毎日、夕食（dinner）を作りますか。

はてな	だれが	する／です	だれ・なに	どこ	いつ	
---	Mr. Sasaki	makes	breakfast		every day	.

一般動詞の仕上げ

一般動詞の文が表すこと　主語（だれが）の日頃の習慣（ふだんすること）

ふつうの文 ➜ 意味順 07

だれが	する／です	だれ・なに	どこ	いつ	
I 私は	get up 起きる			at six 6 時に	.

三単現の s ➜ 意味順 08・09

だれが	する／です	だれ・なに	どこ	いつ	
Mr. Kato 加藤先生は	watches 見る	movies 映画を		on Sundays 日曜日に	.

☑ 主語が三人称単数のとき、一般動詞の語尾に s / es をつけます。

否定文 ➜ 意味順 10・11

だれが	する／です	だれ・なに	どこ	いつ	
I 私は	don't have 持っていない	a red pen 赤ペンを		today 今日	.
Mike マイクは	doesn't have 持っていない	a red pen 赤ペンを		today 今日	.

☑ 主語が I や You、複数のときは don't（= do not）を使います。

☑ 主語が三人称単数のときは doesn't（= does not）を使います。このとき、動詞は s / es のつかない形（原形）になります。

疑問文 ➜ 意味順 12・13

はてな	だれが	する／です	だれ・なに	どこ	いつ	
Do しますか？	you あなたは	play 弾く	the piano ピアノを			?
Does しますか？	Kei ケイは	play 弾く	the piano ピアノを			?

☑ 主語が I や You、複数のときは Do、主語が三人称単数のときは Does を使います。このとき、動詞は原形になります。

Track 20

日本語に合うように、語句を並べかえて、英文をつくりましょう。

1 私たちはこの曲が大好きです。(love / this song / we / .)

2 橋本先生は授業でパソコンを使う。(a computer / in her class / uses / Ms. Hashimoto / .)

3 ナツミは水曜日にスクールでテニスをしている。
(in tennis school / on Wednesdays / plays / tennis / Natsumi / .)

4 ホラー映画は見ないよ。(don't / horror movies / I / watch / .)

5 マイク! 今日は傘(かさ)はいらないよ。(an umbrella / don't / need / today / you / .)

Mike!

6 鶴田(つるた)先生は授業でパソコンを使わないね。
(a computer / doesn't / in her class / use / Ms. Tsuruta / .)

7 ねぇトム。日本食は食べるの? (do / eat / Japanese food / you / ?)

Hi, Tom.

8 おじいちゃんは携帯(けいたい)電話を持ってる? (a cell phone / grandpa / does / have / ?)

9 森先生は授業でパソコンを使うの?
(a computer / does / in his class / use / Mr. Mori / ?)

10 〈9に答えて〉ううん、使ってないよ。(doesn't / he / no, / .)

意味順 Activity

英語を聞いて答えよう ①

Track 21

1 英語を聞いて、意味順ボックスに適切な語句を書きましょう。

例 ♪ My name is Hiroki.

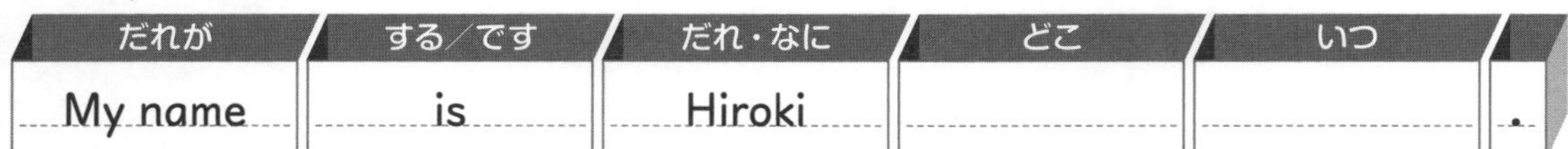

1

2

3

4

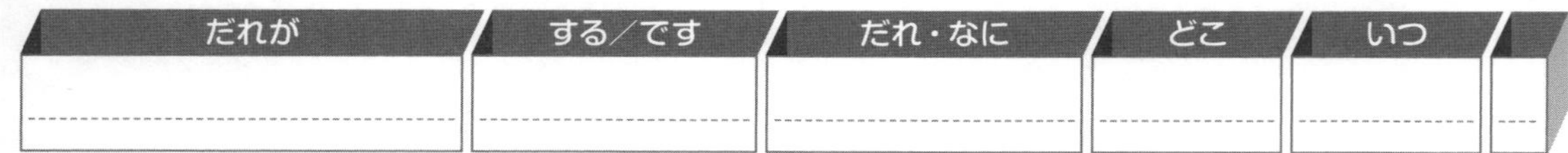

2 ジュン (Jun) の自己紹介(しょうかい)を聞いて、次の質問の答えを書きましょう。

1 How old is Jun? (ジュンは何歳(さい)ですか。)

2 Where is Jun from? (ジュンはどこの出身ですか。)

3 Where does Jun live? (ジュンはどこに住んでいますか。)

4 What does Jun play? (ジュンは何を演奏しますか。)

意味順 Activity

英語で書こう ①

1 例にならって、意味順ボックスに自分の答えを入れて、自己紹介をしましょう。

例 あなたの名前は何ですか。

だれが	する/です	だれ・なに	どこ	いつ	
私の名前は	です	ミサ			
My name	is	Misa			.

1 あなたは何歳ですか。

だれが	する/です	だれ・なに	どこ	いつ	

2 あなたはどこに住んでいますか。

だれが	する/です	だれ・なに	どこ	いつ	

3 あなたは何のスポーツが好きですか。

だれが	する/です	だれ・なに	どこ	いつ	

2 1で答えた文をまとめて、あなたの自己紹介文を書きましょう。

ヒント
- be 動詞は主語によって am / are / is を使い分ける。
- 住んでいる場所は「どこ」ボックスを使って答える。

語句 ～歳 years old

復習テスト ❶

be 動詞と一般動詞の文

／50点

1 次の日本語を英語で表現するとき、be 動詞を使う文には〇を、一般動詞を使う文には △ を ＿＿＿ に書きなさい。

2 点 × 8

例 ＿〇＿ 僕(ぼく)の名前はタクミです。

＿△＿ ケンは毎日、寝(ね)る前に歯を磨(みが)きます。

1 ＿＿＿＿ 私は中学生です。

2 ＿＿＿＿ ベスは速く走ります。

3 ＿＿＿＿ 私は毎朝、ラジオを聞きます。

4 ＿＿＿＿ あの背の高い少年は私の弟です。

5 ＿＿＿＿ おなかがすいてます。

6 ＿＿＿＿ ここに名前を書いてください。

7 ＿＿＿＿ この物語はとても有名だよ。

8 ＿＿＿＿ 母は今、新潟にいます。

2 次の英文を、意味順ボックスに正しく書き写しなさい。

4 点 × 3

1 Tom is very tall. （トムはとても背が高いんだ。）

だれが	する／です	だれ・なに	どこ	いつ	

2 Tom speaks Japanese well. （トムは日本語を上手に話します。）

だれが	する／です	だれ・なに	どこ	いつ	
		Japanese | well			

3 Tom's father has three cars. （トムのお父さんは車を 3 台持ってる。）

だれが	する／です	だれ・なに	どこ	いつ	

3 次の日本文を英文にしなさい。

4点×3

1 トムはサッカーが好き？

2 トムはイギリス（the U.K.）出身？

3 トムは埼玉に住んでる？

4 新しく着任したALTの先生を英語で紹介（しょうかい）します。学校だよりに載（の）っている彼（かれ）の情報と、本人にインタビューして聞いた情報をもとに、条件に従って、ALTを紹介する英文を書きなさい。ただし、This is Peter Brown. He is our new ALT. に続く5文で書くこと。

10点

条件 学校だより情報とインタビュー情報の両方から最低1つずつ紹介すること。

学校だより情報

- 名前は　Peter Brown
- 年齢（ねんれい）は46歳
- アメリカ出身
- 野球ファン
- 料理は苦手

Peter Brown

インタビュー情報

- 寿司（すし）が好き
- 納豆（なっとう）が好きではない
- 本をたくさん持っている
- 兄が一人いる
- 日本語を毎日勉強している

This is Peter Brown. He is our new ALT.

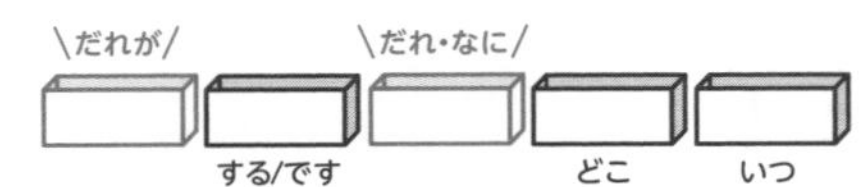

〈冠詞＋形容詞＋名詞〉のカタマリ

〈冠詞＋名詞〉の名詞のカタマリに形容詞を組み合わせて、「形」や「状態」の説明を加えることができます。(p. 20「基本 05」)

a round table
丸い

an English book
英語の

two angry boys
怒った

形容詞はいくつか組み合わせて使うことができますが、説明する内容によって、並べ方が決まっています。

主観 自分が思うこと	大きさ	古さ	形	色	出身	素材	目的
lovely difficult	big tall	old young	round sharp	white dark	Japanese American	wooden paper	shopping walking

a lovely old Japanese dog
(1匹の　かわいい　年をとった　日本の　イヌ)

many young American people
(たくさんの　若い　アメリカの　人々)

a big white paper shopping bag
(1つの　大きな　白い　紙の　買い物用の　かばん)

名詞のカタマリも、**だれが** や **だれ・なに** に入れて文をつくります。

だれが	する／です	だれ・なに	
The tall young man その背の高い若い男性は	is です	Jim ジム	.
I 私は	have 持っている	a small old blue British car 1台の小さな古い青色のイギリス製の車を	.

練習しよう 〈冠詞＋形容詞＋名詞〉

Track 22

1 例にならって、[　] で囲み、「名詞のカタマリ」を確認しましょう。

例 [a new book] (1冊の新しい本)

1 a small cat (1匹の小さなネコ)

2 a young teacher (1人の若い先生)

3 two big bags (2つの大きなかばん)

2 次の語を並べかえて日本語の意味を表す「名詞のカタマリ」をつくりましょう。

1 3頭のかわいいパンダ (pandas / three / lovely)

2 1つの大きくて丸い木製のいす (chair / big / a / round / wooden)

3 文中にある名詞のカタマリを見つけて、[　] で囲みましょう。

1 I want a small cat.

(僕は小さなネコが欲しいんだ。)

2 You have an old dog.

(きみ、年をとったイヌ飼ってるよね。)

3 A young teacher teaches us music.

(若い先生が私たちに音楽を教えてくれている。)

4 I need two big bags.

(私は大きなかばんが2つ必要だ。)

5 My teacher drives a small car.

(私の先生は小さな車を運転しています。)

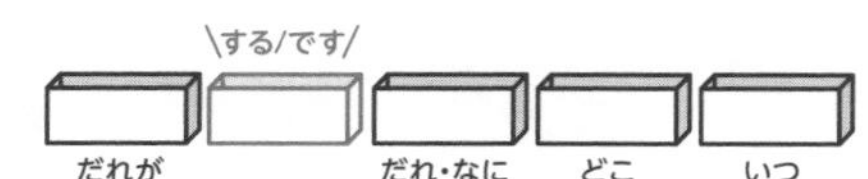

「～しなさい」と伝える〈命令文〉

「～しなさい」と伝える文を命令文といいます。命令文は だれが を省略して、する／です から文を始めます。

ふつうの文 私を見ているね。　命令文 私を見て。

だれが	する／です	だれ・なに	
You あなたは	look 見ます	at me 私を	.
---	Look 見なさい	at me 私を	.

■ 動詞の原形で文を始める

する／です に入るのは、動詞の原形（s / es がついていない形）です。be 動詞を使った文では、原形の be を使います。「～になりなさい」「～でいなさい」という意味になります。

ふつうの文 きみはよいリーダーだよ。
命令文 よいリーダーになって。

だれが	する／です	だれ・なに	
You あなたは	are です	a good leader よいリーダー	.
---	Be なりなさい	a good leader よいリーダーに	.

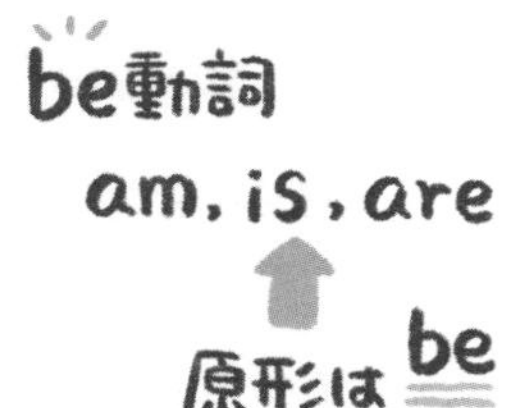

する／です の動詞の前に Please（どうぞ）を加えるとていねいになります。Don't を置くと「～しないで」という禁止の命令文になります。

だれが	する／です	だれ・なに	どこ	
---	Please use 使ってください	this pen このペンを		.
---	Don't run 走らないで		in the classroom 教室で	.
---	Don't be ならないで	shy 恥ずかしがり		.

Track 23

1 日本語に合うように、適切な動詞を [ ] から選んで書きましょう。

1 明日、小テストがあります。一生懸命、勉強しなさい。

You have a quiz tomorrow. ________ hard.

2 触ってはいけません。窓が割れています。

________ . The window is broken.

3 お入りください。どうぞお座りください。

________ in. Please ________ down.

come
don't touch
sit
study

2 次の英文を適切なボックスに書きましょう。

1 Touch the screen.（画面に触れてください。）

だれが	する／です	だれ・なに	どこ	いつ	
					.

2 Come here tomorrow.（明日ここに来なさい。）

だれが	する／です	だれ・なに	どこ	いつ	
					.

3 Please turn off your mobile phone right now.（携帯電話は今すぐ電源をお切りください。）

だれが	する／です	だれ・なに	どこ	いつ	
					.

3 日本語に合うように、語句を並べかえて、英文をつくりましょう。

1 宿題を今やりなさい。（ do / now / your homework / . ）

2 手をよく洗いなさい。（ carefully / your hands / wash / . ）

3 今日は職員室に入ってはいけません。（ enter / don't / the teachers' office / today /. ）

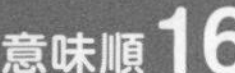

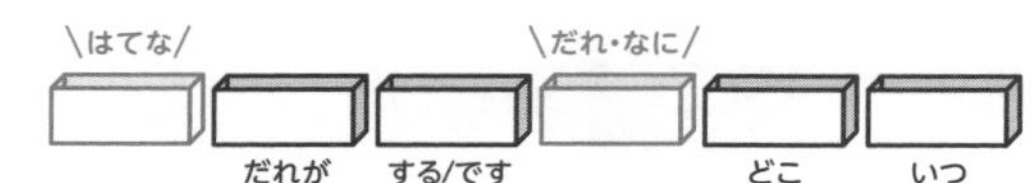

「誰(だれ)？」「何？」とたずねる〈疑問詞 Who / What〉

「誰ですか」と人についてたずねるときは Who を使い、「何ですか」と物事についてたずねるときは What を使います。この Who や What を疑問詞といいます。

「誰？」「何？」のように具体的な人物や物事についてたずねるときは、「知りたいこと」を疑問詞に置きかえて、**はてな** の先頭に置きます。

▶ あの背の高い男の人はきみのお兄さん？／あの背の高い男の人は誰？

はてな	だれが	する／です	だれ・なに	
Is ですか？	that tall man あの背の高い男性は	---	your brother あなたのお兄さん	?
Who is 誰　ですか？	that tall man あの背の高い男性は	---	知りたいこと （誰？）	?

▶ あれはきみのかばん？／あれは何？

はてな	だれが	する／です	だれ・なに	
Is ですか？	that あれは	---	your bag あなたのかばん	?
What is 何　ですか？	that あれは	---	知りたいこと （何？）	?

答えるときは **だれ・なに** に具体的に言葉を入れます。

Who is that tall man? — He is [my brother]. （彼は[私の兄]です。）
What is that? — It is [my bag]. （それは[私のかばん]です。）

疑問詞は一般動詞の文でも使います。また、疑問詞 What は名詞と組み合わせて、「どんな〜」「何の〜」とたずねることができます。

▶ 誕生日に何が欲(ほ)しい？／どんなイヌが好き？

はてな	だれが	する／です	だれ・なに	いつ	
What do 何　しますか？	you あなたは	want 欲しい	知りたいこと （何が？）	for your birthday 誕生日に	?
What dog do どんなイヌ　しますか？	you あなたは	like 好きだ	知りたいこと （どんなイヌが？）		?

Track 24

1 色付きのボックスに適切な語句や符号(ふごう)を補い、2つめの文（疑問文）を完成させましょう。

1 朝食にパンを食べている？ 朝食に何を食べている？

はてな	だれが	する／です	だれ・なに	どこ	いつ	
Do	you	eat	bread		for breakfast	?
	you	eat			for breakfast	

2 彼女はあなたのお姉さん？ 彼女は誰だろう？

はてな	だれが	する／です	だれ・なに	どこ	いつ	
Is	she		your sister			?
	she					

2 日本語に合うように、2つめの文を英語にし、適切なボックスに書きましょう。

1 スポーツは好き？ 何のスポーツが好き？

はてな	だれが	する／です	だれ・なに	どこ	いつ	
Do	you	like	sports			?

2 あの背の高い女性は新入生？ あの背の高い女性は誰だろう？

はてな	だれが	する／です	だれ・なに	どこ	いつ	
Is	that tall lady		a new student			?

3 日本語に合うように、語句を並べかえて、英文をつくりましょう。

1 あの男の人は誰？ (is / that man / who / ?)

2 お父さんは何の仕事をしているの？ (do / does / what / your father / ?)

命令文・疑問詞 Who / What の仕上げ

命令文 「〜しなさい」「〜しないで」と人に命令する文

「〜しなさい」「〜しないで」 ➔ 意味順 15

だれが	する／です	だれ・なに	どこ	いつ	
---	Look 見なさい	at me 私を			.
---	Be なりなさい	quiet 静かに			.
---	Don't run 走らないで		in the classroom 教室で		.

☑ 動詞の原形から文をはじめます。文の始まりなので、動詞は大文字で始まります。

☑ 動詞の前に Don't をつけると、「〜しないで」と禁止の命令に、先頭に Please（どうぞ）をつけるとていねいな言い方になります。

Who / What の疑問文

「誰（だれ）?」「誰が〜?」とたずねる（Who）／「何?」「どんな［何の］…?」とたずねる（What）

「誰ですか?」「何ですか?」 ➔ 意味順 16

はてな	だれが	する／です	だれ・なに	どこ	いつ	
Who is 誰　ですか?	that tall man あの背の高い男の人は	---	知りたいこと			?
What is 何　ですか?	that あれは	---	知りたいこと			?

「何が〜ですか?」「どんな［何の］…が〜ですか?」 ➔ 意味順 16

はてな	だれが	する／です	だれ・なに	いつ	
What do 何　しますか?	you あなたは	want 欲しい	知りたいこと	for your birthday 誕生日に	?
What dog do どんなイヌ　しますか?	you あなたは	like 好きだ	知りたいこと		?

並べかえ問題で仕上げよう　命令文・疑問詞 Who / What

Track 25

次の日本語に合うように、語句を並べかえて、英文をつくりましょう。

1 最善を尽くしなさい。(best / do / your / .)

2 明日ここに来てください。(come / tomorrow / here / .)

3 あきらめないで！(give / don't / up / .)

4 何色が好き？(color/ do / like / what / you / ?)

5 かばんの中に何を持っているんですか。(do / have / in your bag / what / you / ?)

6 クリスマスプレゼントに何が欲しい？
(do / for a Christmas present / want / what / you / ?)

7 あの女の子は誰？ (is / that girl / who / ?)

8 あのサッカー選手は誰？ (is / that soccer player / who / ?)

9 この歌手は誰？ (is / this singer / who / ?)

10 〈9 に答えて〉彼女は安室奈美恵さんだよ。(is / she / Amuro Namie / .)

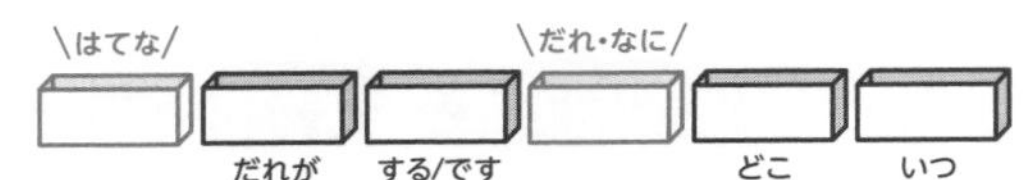

「どのくらい～？」と様子をたずねる〈疑問詞 How ①〉

「どのくらい～？」とたずねるときは、疑問詞 How を使います。

疑問詞 How は、How long（どのくらい長い？）、How old（どのくらい古い？＝何歳？）のように、形容詞と組み合わせて使うことができます。Who や What と同じように、〈How ＋形容詞〉を はてな の先頭に置きます。

ふつうの疑問文　デイヴは 14 歳なの？　How の疑問文　デイヴは何歳なの？

はてな	だれが	する／です	だれ・なに	
Is ですか？	Dave デイヴは	---	fourteen years old 14 歳	?
How old is 何歳　ですか？	Dave デイヴは	---	知りたいこと （何歳？）	?

答えるときは、 だれ・なに に具体的な年齢を入れます。

He is fourteen years old .
（14 歳です。）

■ どちらも How old ～？

How と組み合わせて使う形容詞には、以下のようなものがあります。

たずねたいこと	答え
How old（どのくらい古い？＝何歳？）	sixteen years old
How tall（どのくらい高い？）	1.6 meters tall
How long（どのくらい長い？）	31 kilometers long
How much （どのくらいの〔お金が〕多い？＝〔値段は〕いくら？）	1,520 yen（値段は通貨の単位で答えます）

▶ 信濃川はどれくらいの長さ？―― 367 キロメートルだよ。

はてな	だれが	する／です	だれ・なに	
How long is どのくらい長い　ですか？	the Shinano River 信濃川は	---	知りたいこと （どのくらい長い？）	?
---	It それは	is です	367 km long 367km の長さ	.

練習しよう　疑問詞 How ①

Track 26

1 日本語に合うように、空所に適切な語を [ ] から選びましょう。

1 どのくらい高い？ → 背の高さは？　How ______

2 どのくらい古い？ → 何歳？　How ______

3 どのくらい（お金が）多い？ → いくら？　How ______

old
much
tall

2 色付きのボックスに適切な語句や符号を補い、文を完成させましょう。

1 池田さんの身長はどのくらい？

はてな	だれが	する／です	だれ・なに	どこ	いつ	
______ is	Ms. Ikeda					

2 きみのおじさんは何歳ですか。

はてな	だれが	する／です	だれ・なに	どこ	いつ	
______ is	your uncle					

3 北海道では夏休みはどのくらい？

はてな	だれが	する／です	だれ・なに	どこ	いつ	
______ is	the summer vacation			in Hokkaido		

4 このＴシャツはいくらですか。

はてな	だれが	する／です	だれ・なに	どこ	いつ	
______ is	this T-shirt					

3 日本語に合うように、語句を並べかえて、英文をつくりましょう。

1 このイヌは、何歳？ （ how / is / old / this dog / ? ）

______

2 あのキリンはどのくらいの背の高さかな？ （ how / is / tall / that giraffe / ? ）

______

3 この車はいくらするんですか。（ how / is / much / this car / ? ）

______

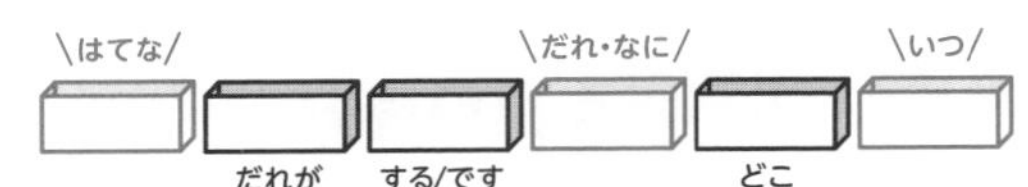

「どのくらい〜?」と数や頻度(ひんど)をたずねる〈疑問詞 How ②〉

「いくつの〜?」と数をたずねるときは、〈How many +名詞〉を はてな に入れます。

▶ きみは消しゴムをいくつ持ってるの?——3つ持ってるよ。

はてな	だれが	する/です	だれ・なに	
How many erasers do いくつの消しゴム　しますか?	you あなたは	have 持っている	知りたいこと(いくつの消しゴム?)	?
---	I 私は	have 持っている	three erasers 3つの消しゴムを	.

〈How many +名詞〉は、「欲(ほ)しいですか?」「持っていますか?」「ありますか?」などの疑問文と組み合わせて使うことができます。How many の後ろの名詞は必ず複数形です。

How many pencils (何本のえんぴつ)
How many brothers (何人の兄弟)
How many parks (いくつの公園)
×
do you have? (持っている?)
do you want? (欲しい?)
does Tokyo have? (東京は持っている?/東京にある?)

また、「週に何回するの?」「年に何回するの?」というように、頻度をたずねるときは、How often という表現を使います。

▶ どのくらい塾(じゅく)に行ってるの?——1週間に2回行ってるよ。

はてな	だれが	する/です	どこ	いつ	
How often do どのくらいの頻度で　しますか?	you あなたは	go 行く	to the cram school 塾に	知りたいこと (どのくらいの頻度で?)	?
---	I 私は	go 行く	to the cram school 塾に	twice a week 1週間に2回	.

答えるときは、いつ を使います。a week には「1週間につき」という意味があるので、once や twice などの回数を表す言葉と組み合わせて使います。

once (1回)
twice (2回)
three times (3回)
〜times (3回以上)
×
a week (1週間につき)
a month (1ヶ月につき)
a year (1年につき)

every day (毎日) や every Sunday (毎週日曜日に) を使って答えることもできます。

Track 27

1 次の名詞を複数形にしましょう。

1 cat ____　2 textbook ____

3 sister ____　4 friend ____

5 student ____　6 bag ____

2 色付きのボックスに適切な語句や符号(ふごう)を補い、文を完成させましょう。

1 何匹ネコを飼っているの？

はてな	だれが	する／です	だれ・なに	どこ	いつ	
do	you	have				

2 学校にはどのくらい友だちがいるの？

はてな	だれが	する／です	だれ・なに	どこ	いつ	
do	you	have		in school		

3 どれくらい映画を見に行くの？

はてな	だれが	する／です	だれ・なに	どこ	いつ	
do	you	go		to the theater		

4 月に１回、映画を見に行くよ。

だれが	する／です	だれ・なに	どこ	いつ	
I	go		to the theater		.

3 日本語に合うように、語句を並べかえて、英文をつくりましょう。

1 兄弟姉妹は何人いるの？（ brothers and sisters / do / have / how many / you / ? ）

2 かばんに何冊の本が入っているの？（ do / have / how many / in your bag / books / you / ? ）

3 どのくらい高尾山(たかおさん)に登るの？（ climb / do / how / Mt. Takao / often / you / ? ）

意味順 20

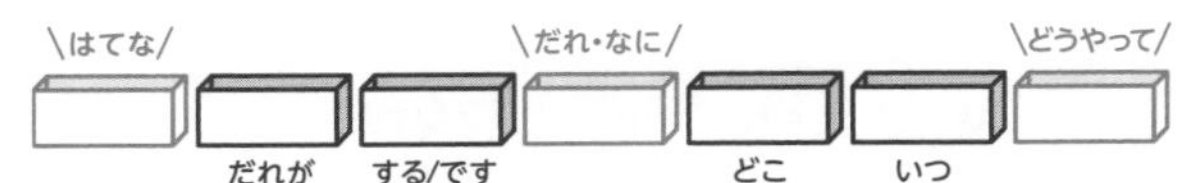

「どうやって？」とやり方などをたずねる〈疑問詞 How ③〉

疑問詞 How を単独で使うと「どうですか?」「どうやって〜しますか?」と体調や感想、やり方や手段などをたずねることができます。

体調や様子をたずねられたときは、だれ・なに に形容詞を入れて答えます。

▶（調子は）どう？―― 疲れています。

はてな	だれが	する／です	だれ・なに	
How are どう ですか?	you あなたは	---	知りたいこと（どう?）	?
---	I 私は	am です	tired 疲れている	.

■ 体調をたずねる

▶ この本はどうですか？―― おもしろいですよ。

はてな	だれが	する／です	だれ・なに	
How is どう ですか?	this book この本は	---	知りたいこと （どう?）	?
---	It それは	is です	interesting おもしろい	.

■〈もの〉についてたずねる

交通手段や、何かの方法をたずねられたときは、「どうやって」というボックスを追加します。

▶ どうやって塾に行ってるの？―― バスで行ってるよ。

追加！

はてな	だれが	する／です	どこ	いつ	どうやって	
How do どうやって しますか?	you あなたは	go 行く	to the cram school 塾に		知りたいこと （どうやって?）	?
---	I 私は	go 行く	to the cram school 塾に		by bus バスで	.

会話では、"By bus." のように、どうやって だけで答えることもあります。

交通手段や方法の表現

by train（電車で） by car（車で） by bicycle（自転車で）
on foot（徒歩で） by phone（電話で） online（インターネットで）

練習しよう　疑問詞 How ③

Track 28

1　日本語の意味に合うように、空所に適切な語を書きましょう。

1 バスで　＿＿ ＿＿

2 電車で　＿＿ ＿＿

3 徒歩で　＿＿ ＿＿

4 自転車で　＿＿ ＿＿

5 飛行機で　＿＿ ＿＿

6 メールで　＿＿ ＿＿

2　色付きのボックスに適切な語句や符号を補い、文を完成させましょう。

1 どうやって通学しているの？

はてな	だれが	する／です	だれ・なに	どこ	いつ	
	you	come		to school		

2 自転車通学だよ。

だれが	する／です	だれ・なに	どこ	いつ	どうやって	
I	come		to school			.

3 今朝は気分どうですか。

はてな	だれが	する／です	だれ・なに	どこ	いつ	
		feel			this morning	

4 〈3 に答えて〉調子はいいです。

だれが	する／です	だれ・なに	どこ	いつ	
		fine			.

3　日本語に合うように、語句を並べかえて、英文をつくりましょう。

1 この映画はどう？（ is / how / this movie / ? ）

2 どうやって英語を勉強しているの？（ do / English / how / study / you / ? ）

意味順 21

疑問詞 How の仕上げ

How の疑問文

形容詞や副詞と組み合わせて「どのくらい～?」、How だけで「どうやって?」とたずねる。

〈How +形容詞〉 ➔ 意味順 18

はてな	だれが	する/です	だれ・なに	
How old is 何歳 ですか?	Dave デイヴは	---	知りたいこと	?
How long is どのくらい長い ですか?	the Shinano River 信濃川は	---	知りたいこと	?

☑ 答え方：

He is [14 years old]. (彼は 14 歳です。) / It is [367km long]. (367 キロメートルです。)

〈How many +名詞〉〈How often〉 ➔ 意味順 19

はてな	だれが	する/です	だれ・なに	どこ	いつ	
How many erasers do いくつの消しゴムを しますか?	you あなたは	have 持っている	知りたいこと			?
How often do どのくらいの頻度で しますか?	you あなたは	go 行く		to the cram school 塾に	知りたいこと	?

☑ How many の後ろの名詞は複数形になります。

☑ 答え方：I have [three erasers]. (消しゴムを 3 つ持っています。)

I go to the cram school [twice a week]. (週に 2 回、塾に行きます。)

How のみ ➔ 意味順 20

はてな	だれが	する/です	だれ・なに	どこ	どうやって	
How are どう ですか?	you あなたは	---	知りたいこと			?
How do どうやって しますか?	you あなたは	go 行く		to the cram school 塾に	知りたいこと	?

☑ 答え方：

I'm [tired]. (疲(つか)れています。) / I go to the cram school [by bus]. (バスで塾(じゅく)に行きます。)

※ 交通手段を答えるときは、どうやって を使って答えます。

並べかえ問題で仕上げよう　疑問詞 How

Track 29

日本語に合うように、語句を並べかえて、英文をつくりましょう。

1 この家は築何年ですか。（ how / is / old / this house / ? ）

2 この塔（とう）はどのくらいの高さ？（ how / is / tall / this tower / ? ）

3 このセーターはいくらですか。（ how / is / this sweater / much / ? ）

4 今日は何時限、授業があるの？（ classes / do / have / how / many / today / you / ? ）

5 美容院にはどのくらい行く？（ do / go to / how / often / the beauty salon / you / ? ）

6 おばあちゃんちにはどのくらい行くの？
（ do / how / often / visit / you / your grandma's home / ? ）

7 どうやって目玉焼き食べている？（ do / eat / fried eggs / how / you / ? ）

8 やぁ、スティーブン。ロサンゼルスの天気はどうですか。
（ how / in / is / Los Angeles / the weather / ? ）

Hello, Steven.

9 ご家族はお元気ですか。（ how / your family / is / ? ）

10 〈9に答えて〉みんな元気だよ、ありがとう。（ are / fine, / thanks / we / . ）

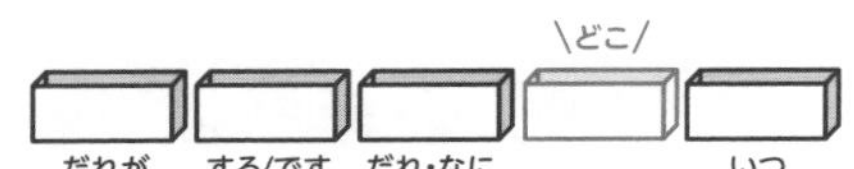

場所を伝える〈前置詞＋場所〉

どこ に、場所を表す語句を入れて、「どこにいる（ある）のか」「どこで行動するか」を説明することができます。（p. 18「基本 04」）

「どこにいるのか」を説明 ▶ レイチェルは今、3 階にいます。

だれが	する／です	だれ・なに	どこ	いつ	
Rachel レイチェルは	is いる		on the 3rd floor 3 階に	now 今	.

「どこで行動するか」を説明 ▶ ヒロは公園でサックスを練習する。

だれが	する／です	だれ・なに	どこ	いつ	
Hiro ヒロは	practices 練習する	the saxophone サックスを	in the park 公園で		.

どこ で場所を説明するときは、in（～の中で）や on（～の上に）などの前置詞を使います。

どこ を文の先頭に持ってくることもあります。その場合は、どこ の最後に「,（カンマ）」を入れて区切ります。

どこ	だれが	する／です	だれ・なに	いつ	
In Japan, 日本では	many people たくさんの人が	study 勉強する	English 英語を		.

練習しよう〈前置詞＋場所〉

Track 30

1 日本語に合うように、空所に適切な前置詞を書きましょう。

1 駅の近くに ＿＿＿＿ the station

2 お風呂(ふろ)場で ＿＿＿＿ the bathroom

3 廊下(ろうか)で ＿＿＿＿ the hallway

4 私のとなりで next ＿＿＿＿ me

2 色付きのボックスに適切な語句を補い、意味順ボックスを完成させましょう。

1 僕(ぼく)は毎晩、お風呂場で歯磨(はみが)きをするよ。

だれが	する／です	だれ・なに	どこ	いつ	
I	brush	my teeth		every night	.

2 ジュンと私は放課後、図書室で勉強する。

だれが	する／です	だれ・なに	どこ	いつ	
Jun and I	study			after school	.

3 東京ディズニーランドは、千葉にあります。

だれが	する／です	だれ・なに	どこ	いつ	
Tokyo Disneyland	is				.

3 次の日本語に合うように、単語を並べかえて、英文をつくりましょう。

1 駅の近くにコンビニがあるよ。（ a convenience store / near the station / is / . ）

2 うちのイヌは私のとなりで眠(ねむ)る。（ sleeps / my dog / next to me / . ）

3 雨の日は廊下で練習します。（ in the hallway / on rainy days / practice / we / . ）

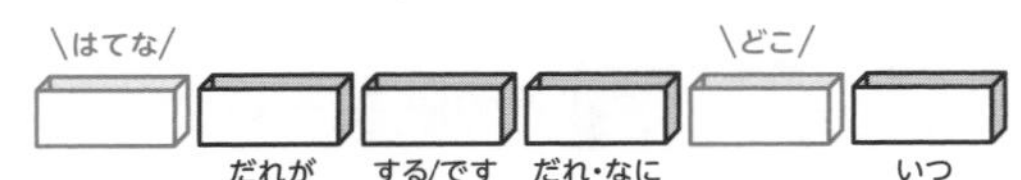

場所をたずねる〈疑問詞 Where〉

「どこで〜しますか?」「どこにいますか?」と場所をたずねるときは、はてな で Where という疑問詞を使います。

一般動詞の文

ふつうの疑問文 ▶ きみは自分の部屋で宿題をするの?

Where の疑問文 ▶ きみはどこで宿題をするの?

はてな	だれが	する／です	だれ・なに	どこ	いつ	
Do しますか?	you あなたは	do する	your homework 宿題を	in your room 部屋で		?
Where do どこで　しますか?	you あなたは	do する	your homework 宿題を	知りたいこと (どこで?)		?

Where の疑問文に答えるときは、どこ に具体的な場所を表す言葉を入れます。

Do you do your homework in your room? — Yes, I do. / No, I don't.
Where do you do your homework? — I do my homework in my room.

会話では、"In my room." とだけ答えることもあります。

be 動詞の文

ふつうの疑問文 ▶ きみは部屋にいるの?

Where の疑問文 ▶ きみはどこにいるの?

はてな	だれが	する／です	だれ・なに	どこ	いつ	
Are いますか?	you あなたは	---		in your room 部屋に		?
Where are どこに　いますか?	you あなたは	---		知りたいこと (どこに?)		?

答えるときは、どこ に具体的な場所を表す言葉を入れます。

Are you in your room? — Yes, I am. / No, I'm not.
Where are you? — I'm in my room.

この場合も会話では、"In my room." と答えることができます。

練習しよう 疑問詞 Where

Track 31

1 日本語に合うように、空所に入る適切な語を [ ] から選びましょう。

1 ～はどこにあるの？ Where ______ ～？

2 あなたはどこで～するの？ Where ______ you ～？

do
is

2 色付きのボックスに適切な語句や符号を補い、2つめの疑問文を完成させましょう。

1 お風呂場で歯を磨いている？ どこで歯を磨いているの？

はてな	だれが	する／です	だれ・なに	どこ	いつ	
Do	you	brush	your teeth	in the bathroom		?
		brush	your teeth			

2 ジュンは放課後、図書室で勉強する？ 彼は放課後、どこで勉強しているの？

はてな	だれが	する／です	だれ・なに	どこ	いつ	
Does	Jun	study		in the library	after school	?
		study			after school	

3 東京ディズニーランドは千葉にあるの？ 東京ディズニーランドはどこにあるの？

はてな	だれが	する／です	だれ・なに	どこ	いつ	
Is	Tokyo Disneyland			in Chiba		?
	Tokyo Disneyland					

3 日本語に合うように、語句を並べかえて、英文をつくりましょう。

1 雨の日はどこで練習するの？ (do / on rainy days / practice / where / you / ?)

______

2 きみのイヌはどこで眠るの？ (does / sleep / where / your dog / ?)

______

3 コンビニはどこにありますか。 (is / the convenience store / where / ?)

______

意味順 24

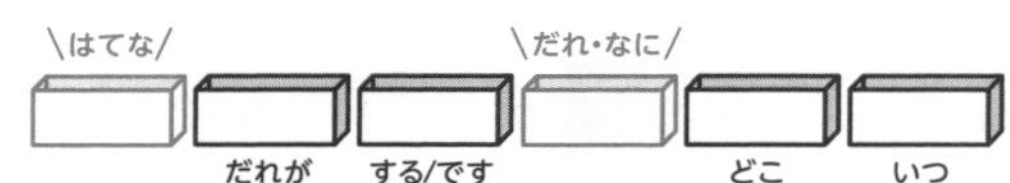

「誰（だれ）のもの？」とたずねる〈疑問詞 Whose〉

「これは誰の～ですか？」と持ち主をたずねるとき、はてな で Whose という疑問詞を使います。

「誰の～ですか？」とたずねるときは、「～」にあたる名詞を Whose と組み合わせて使います。この〈Whose +名詞〉を はてな の先頭に置きます。

▶ **これはきみの消しゴム？／これは誰の消しゴム？**

はてな	だれが	する／です	だれ・なに	どこ	いつ	
Is ですか？	this これは	---	your eraser あなたの消しゴム			?
Whose eraser is 誰の消しゴム　ですか？	this これは	---	知りたいこと （誰の消しゴム？）			?

答えるときは、持ち主を だれ・なに に入れます。

Whose eraser is this? — It's [my eraser]. （[僕の消しゴム]です。）

Whose には「誰のもの」という意味があるので、単独で使うこともできます。

▶ **この消しゴムはきみの？／この消しゴムは誰の？**

はてな	だれが	する／です	だれ・なに	どこ	いつ	
Is ですか？	this eraser この消しゴムは	---	yours あなたのもの			?
Whose is 誰のもの　ですか？	this eraser この消しゴムは	---	知りたいこと （誰のもの？）			?

答えるときは、「…のもの」という語句を使います。

Whose is this eraser? — It's [mine]. （[私のもの]です。）

「…のもの」を表す言葉 （p. 84「名詞のカタマリ③」）

mine（私のもの）　ours（私たちのもの）　yours（あなたのもの、あなたたちのもの）
his（彼（かれ）のもの）　hers（彼女（かのじょ）のもの）　theirs（彼ら［彼女ら］のもの）
Mr. Kato's（加藤（かとう）先生のもの）

練習しよう　疑問詞 Whose

Track 32

1　日本語に合うように、空所に適切な単語を [ ] から選び、書きましょう。

glasses / textbook / towel

1 誰の教科書？ ______ ______ ～？

2 誰のタオル？ ______ ______ ～？

3 誰のメガネ？ ______ ______ ～？

2　色付きのボックスに適切な語句や符号(ふごう)を補い、文を完成させましょう。

1 これは誰のタオル？

はてな	だれが	する／です	だれ・なに	どこ	いつ	
is	this					

2 あれは誰のメガネ？

はてな	だれが	する／です	だれ・なに	どこ	いつ	
are	those					

3 これは誰の教科書？

はてな	だれが	する／です	だれ・なに	どこ	いつ	
is	this					

4 それは私のものです。

だれが	する／です	だれ・なに	どこ	いつ	
It	is				.

3　日本語に合うように、語句を並べかえて、英文をつくりましょう。

1 これは誰のかばん？ (bag / is / this / whose / ?)

2 これは誰の腕(うで)時計？ (is / this / watch / whose / ?)

3 それは吉田先生のものです。 (is / it / Mr. Yoshida's / .)

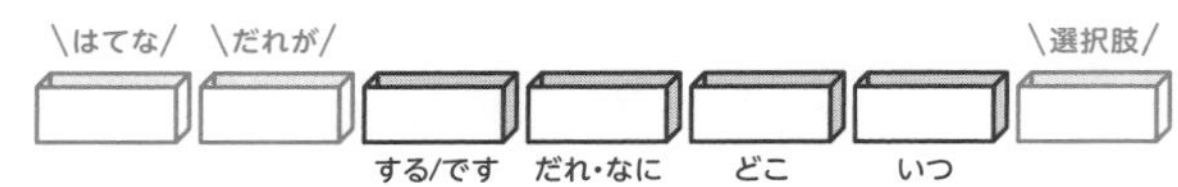

「どちらの？」とたずねる〈疑問詞 Which〉

「どちらの［が］～?」とたずねるときは、はてな で疑問詞 Which を使います。〈Which ＋名詞〉で「どちらの…が～?」、Which 単独で「どちらが～?」とたずねることができます。

▶ この赤い自転車はきみの？／どちらの自転車がきみの？／どちらがきみの自転車？

はてな	だれが	する／です	だれ・なに	
Is ですか?	this red bicycle この赤い自転車は	---	yours あなたのもの	?
Which bicycle is どちらの自転車　ですか?	知りたいこと （どちらの自転車が？）	---	yours あなたのもの	?
Which is どちらが　ですか?	知りたいこと （どちらが？）	---	your bicycle あなたの自転車	?

答えるときは、one という代名詞を使います。one は、話題になっている名詞（ここでは自転車）を指していて、繰り返しを避けるために使います。

■「どっち?」「そっち」

Which bicycle is yours? / Which is your bicycle?
— This red one is mine. （この赤いのが私のです。）

“This red one.” や “This red one is.” と短く答えることもできます。

Which は一般動詞と組み合わせて使うこともあります。また、文の最後に「選択肢」というボックスを加えて示すこともできます。選択肢 の前に「，（カンマ）」を置いて区切ります。

▶ どっちの色が好き？ 青、それとも赤？

はてな	だれが	する／です	だれ・なに	どこ	いつ	選択肢（追加！）	
Which color do どちらの色　しますか?	you あなたは	like, 好きだ	知りたいこと （どちらの色が？）			blue or red 青それとも赤	?

Which bag is yours,
this old dirty one or this new shiny one?
（どちらのかばんがあなたのものですか？ この古くて汚れたもの？
それとも新しくてピカピカのもの？）

練習しよう 疑問詞 Which

Track 33

1 日本語に合うように、空所に適切な単語を書きましょう。

1 どちらの電車が～? ______ ______ ～?

2 どちらの動物が～? ______ ______ ～?

3 どちらの飲み物が～? ______ ______ ～?

2 色付きのボックスに適切な語句や符号(ふごう)を補い、文を完成させましょう。

1 きみはイヌとネコのどちらの動物が好き?

はてな	だれが	する／です	だれ・なに	選択肢	
	you	like,		dogs or cats	

2 牛乳と紅茶、どちらの飲み物が欲(ほ)しい?

はてな	だれが	する／です	だれ・なに	選択肢	
	you	want,		milk or tea	

3 どちらの電車が中央線?

はてな	だれが	する／です	だれ・なに	どこ	いつ	
			the Chuo Line			

4 パンとライス、どちらを選ぶ?

はてな	だれが	する／です	だれ・なに	選択肢	
	you	choose,		bread or rice	

3 日本語に合うように、語句を並べかえて、英文をつくりましょう。

1 夏と冬のどちらが好き? (do / like, / summer or winter / which / you / ?)

______

2 どちらがきみの傘(かさ)? (is / your umbrella / which / ?)

______

場所・疑問詞 Where / Whose / Which の仕上げ

Where / Whose / Which の疑問文　「どこ?」と場所をたずねる（Where）／「誰(だれ)のもの?」と持ち主をたずねる（Whose）／「どちらの?」と相手に選んでもらう（Which）

場所をたずねる（Where）

➔ 意味順 22・23

はてな	だれが	する／です	だれ・なに	どこ	いつ	
Where do どこで　しますか?	you あなたは	do する	your homework 宿題を	知りたいこと		?
Where are どこに　いますか?	you あなたは	---		知りたいこと		?

☑ 答え方：〈前置詞+場所〉を使って答えます。

I do my homework in my room.（自分の部屋で宿題をします。）

I'm near Tokyo Station.（東京駅の近くにいます。）

持ち主をたずねる（Whose）

➔ 意味順 24

はてな	だれが	する／です	だれ・なに	どこ	いつ	
Whose bag is 誰のかばん　ですか?	this これは	---	知りたいこと			?
Whose is 誰のもの　ですか?	this bag このかばんは	---	知りたいこと			?

☑ 答え方：It's my bag.（私のかばんです。）/ It's mine.（私のものです。）

「どちらの?」とたずねる（Which）

➔ 意味順 25

はてな	だれが	する／です	だれ・なに	選択肢	
Which is どちら　ですか?	知りたいこと	---	your bicycle あなたの自転車		?
Which bicycle is どちらの自転車　ですか?	知りたいこと	---	yours あなたのもの		?
Which color do どちらの色　しますか?	you あなたは	like, 好きだ	知りたいこと	blue or red 青それとも赤	?

☑ 同じ名詞を繰(く)り返さないため、one を使って答えます。

Which is your bicycle? — This red one is.

並べかえ問題で仕上げよう　場所・疑問詞 Where / Whose / Which　Track 34

次の日本語に合うように、語句を並べかえて、英文をつくりましょう。

1 私のお父さん、毎晩、お風呂場で歌っているよ。
(every night / in the bathroom / my father / sings / .)

2 毎週水曜日に卓球の練習をします。(on Wednesdays / practice / table tennis / we / .)

3 富士山は静岡と山梨の間にあります。
(between / Mt. Fuji / stands / Shizuoka and Yamanashi / .)

4 修学旅行は、どこに行くの？ (do / for a school trip / go / you / where / ?)

5 カズは雨の日、どこでサッカーを練習するの？
(does / Kazu / on rainy days / practice / soccer / where / ?)

6 私のアイスはどこ？ (is / my ice cream / where / ?)

7 これは誰のカーディガン？ (cardigan / is / this / whose / ?)

8 どちらの靴を毎日履いているの？ (do / every day / shoes / wear / which / you / ?)

9 どちらのお箸がきみの？ (are / chopsticks / which / yours / ?)

10 〈9 に答えて〉この黒いのが私のだよ。(black ones / are / mine / these / .)

意味順 Activity

英語を聞いて答えよう②

Track 35

英語の質問を聞いて、自分の答えを意味順ボックスに書きましょう。

例 ♪ What time do you get up?

だれが	する／です	だれ・なに	どこ	いつ	
I	get up			at 6:00 am	.

1

だれが	する／です	だれ・なに	どこ	いつ	

2

だれが	する／です	だれ・なに	どこ	いつ	

3

だれが	する／です	だれ・なに	どこ	いつ	

4

だれが	する／です	だれ・なに	どこ	いつ	どうやって	

5

だれが	する／です	だれ・なに	どこ	いつ	

6

だれが	する／です	だれ・なに	どこ	いつ	

意味順 Activity

英語で書こう ②

ジャック（Jack）が自分の１日を発表します。絵を見て与(あた)えられた語句を使い、ジャックの立場になって発表する英文を意味順ボックスを使って書きましょう。

ヒント

・時刻は at で表す。

語句　家を出る　leave home

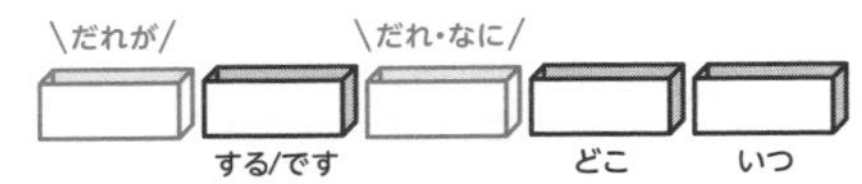

「誰のものか」を示す代名詞

「私の〜」「あなたの〜」のように持ち主を示すときは、my（私の〜）、your（あなたの〜）などの代名詞と名詞をセットにしたカタマリを使います。これらの代名詞を使うときは a や the は使いません。

これらの名詞のカタマリは、主に だれが 、だれ・なに に入れて使います。in や from などの前置詞と組み合わせると、どこ でも使えます。

だれが	する／です	だれ・なに	どこ	いつ	
My father 私の父は	found 見つけた	his bag 彼のカバンを	in my room 私の部屋で	last night 昨夜	.

また、名詞とセットではなく、「〜のもの」と１語で表す語もあります。

mine（私のもの）　yours（あなたのもの）　his（彼のもの）　hers（彼女のもの）
ours（私たちのもの）　theirs（彼ら［彼女ら］のもの）　Tom's（トムのもの）

だれが	する／です	だれ・なに	どこ	いつ	
This old car この古い車は	is です	mine あなたもの			.
That new car あの新しい車は	is です	Tom's トムのもの			.

練習しよう　所有を表す代名詞

Track 36

1 例にならって、▭で囲み、「名詞のカタマリ」を確認しましょう。

例 [our house] （私たちの家）

1 my sister （私の姉）

2 his new classmate Mary （彼の新しいクラスメイトのメアリー）

3 their school uniforms （彼らの学校の制服）

4 your old watch （あなたの古い時計）

2 次の語を並べかえて日本語の意味を表す「名詞のカタマリ」をつくりましょう。

1 私たちのお気に入りの家　(house / favorite / our)

2 彼女の赤い車　(car / red / her)

3 文の中にある名詞のカタマリを見つけて、▭で囲みましょう。

例 This is [our house].
（これは私たちの家です。）

1 My sister likes music very much.
（うちのお姉ちゃんは音楽が大好きだ。）

2 Their school uniforms are black.
（彼らの学校の制服は黒色です。）

3 Natsumi drives her red car every day.
（ナツミは毎日、彼女の赤い車を運転します。）

4 That yellow bike is mine.
（あの黄色い自転車は私のものだよ。）

復習テスト ②

いろいろな疑問文

/50点

1 次の疑問文の答えになる英文を [ ] から選び、書きなさい。

2点×5

1 Q: Where do you eat breakfast?

A: ______________________

2 Q: Who likes science?

A: ______________________

3 Q: What is that building?

A: ______________________

4 Q: Is this your bike?

A: ______________________

5 Q: Does Mr. Kato drive a white car?

A: ______________________

It's a hotel.
Naoko does.
In my room.
Yes, it is.
No, he doesn't.

2 次の英文が答えとなる疑問文を選び、書きなさい。

3点×4

1 Q: ______________________

A: I have four.

2 Q: ______________________

A: It's Takeshi's.

3 Q: ______________________

A: I do my homework in the library.

4 Q: ______________________

A: She is four.

Whose pencil is this?
How many erasers do you have?
What do you do after school?
How old is your sister?

3 次の日本文を英文にしなさい。

4点×3

1 ヒロ（Hiro）は何歳（さい）？

2 どっちのかばんがきみの？

3 きみのお兄さんはロンドン（London）にいるの？

4 ALTのピーター（Peter）に「日本での生活」についてインタビューをしています。1の手順を踏（ふ）んで、2の問いに答えなさい。

16点

1 インタビューの前に、「聞きたいことリスト」を作りました。このリストの中で、ピーターの話を読んでわかった項目（こうもく）にチェックを入れなさい。

聞きたいことリスト

- □ 好きな日本食
- □ 苦手な日本食
- □ 料理はするのか
- □ 朝食で食べるもの
- □ 日本のマンガを読むか
- □ 持っている日本のマンガの数
- □ 好きなマンガ
- □ 週末にすること

In Japan, I enjoy many Japanese foods. I like sushi very much, but I don't like *natto*. I'm not a good cook, so I don't cook. I often go to convenience stores.

I have many books. I read English books on weekends. I also read Japanese comics. I like *One Piece* very much.

2 「聞きたいことリスト」でチェックがつかなかった項目について、ピーターに質問する英文を2つ書きなさい。

過去の状態を伝える①〈be 動詞の過去形〉

「昨日私は疲（つか）れていました」「映画はおもしろかった」のように、過去の状態や気持ちを表すには、する／です に入る be 動詞を過去形にします。

〈be 動詞の過去形〉　is / am → was　are → were

現在形の文　今はひまだ。　過去形の文　昨日は忙（いそが）しかった。

だれが	する／です	だれ・なに	どこ	いつ	
I 私は	am です	free ひまな		now 今	.
I 私は	was でした	busy 忙しい		yesterday 昨日	.

free（ひまな）や busy（忙しい）は〈人〉や〈もの〉の状態などを表す「形容詞」です。形容詞だけでは現在のことか過去のことかを表せないので、be 動詞を過去形にします。

過去の文では、いつ に過去を表す言葉が入ることもあります。

過去を表す表現

last night（昨夜）　last month（先月）　this morning（今朝）
two weeks ago（2 週間前）　in 1976（1976 年に）

過去の文でも現在の文と同じように、be 動詞の後ろの だれ・なに には、名詞のカタマリや形容詞、どこ には〈前置詞＋名詞〉などが入ります。

だれが	する／です	だれ・なに	どこ	いつ	
Hide ヒデは	was でした	a soccer player サッカー選手		ten years ago 10 年前	.

↑名詞のカタマリ

だれが	する／です	だれ・なに	どこ	いつ	
My parents 私の両親は	were いました		in Kyoto 京都に	last month 先月	.

↑〈前置詞＋名詞〉

練習しよう be 動詞の過去形

Track 37

1 次の語句が主語のとき、適切な be 動詞の過去形を書きましょう。

1 We ______ ～.　2 Jun ______ ～.

3 My sister ______ ～.　4 They ______ ～.

5 I ______ ～.　6 The students ______ ～.

7 You ______ ～.　8 The desk ______ ～.

2 日本語に合うように、する／です に適切な be 動詞を書きましょう。

1 4 年前は小学生でした。今は中学生です。

だれが	する／です	だれ・なに	どこ	いつ	
I		an elementary school student		four years ago	.
I		a junior high school student		now	.

2 この机はずっと前、父のものでした。今は私のものです。

だれが	する／です	だれ・なに	どこ	いつ	
This desk		my father's		a long time ago	.
It		mine		now	.

3 姉は先月、バリ島にいました。先週はカンボジアにいました。

だれが	する／です	だれ・なに	どこ	いつ	
My sister			in Bali	last month	.
She			in Cambodia	last week	.

3 日本語に合うように、語句を並べかえて、英文をつくりましょう。

1 虹(にじ)がきれいでした。（ the rainbow / beautiful / was / . ）

2 祖父は大工さんでした。（ a carpenter / my grandfather / was / . ）

意味順 28

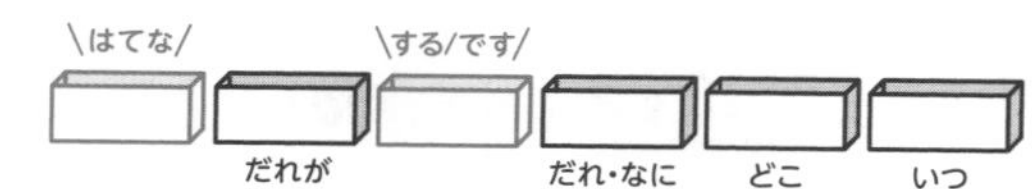

過去の状態を伝える② 〈be 動詞の過去形：否定・疑問〉

be 動詞の文は、する／です の be 動詞に not を加えて否定文にします。過去形の否定文も同じです。短縮形は was not = wasn't と were not = weren't になります。

▶ タケシは 3 年前、テニス選手だった。／タケシは 3 年前、テニス選手ではなかった。

だれが	する／です	だれ・なに	どこ	いつ	
Takeshi タケシは	was でした	a tennis player テニス選手		three years ago 3 年前	.
Takeshi タケシは	was not (= wasn't) ではなかった	a tennis player テニス選手		three years ago 3 年前	.

▶ 生徒たちは今朝、疲(つか)れていた。／生徒たちは今朝、疲れていなかった。

だれが	する／です	だれ・なに	どこ	いつ	
The students 生徒たちは	were でした	tired 疲れている		this morning 今朝	.
The students 生徒たちは	were not (= weren't) ではなかった	tired 疲れている		this morning 今朝	.

疑問文にするには、する／です にある was / were を、先頭の はてな に移動します。

▶ この映画、おもしろかった！／この映画、おもしろかった？

はてな	だれが	する／です	だれ・なに	どこ	いつ	
---	This movie この映画は	was でした	interesting おもしろい			.
Was でしたか？	this movie この映画は	--- （はてな に移動して空っぽ）	interesting おもしろい			?

▶ そのリンゴ、おいしかった！／そのリンゴ、おいしかった？

はてな	だれが	する／です	だれ・なに	どこ	いつ	
---	The apples そのリンゴは	were でした	good おいしい			.
Were でしたか？	the apples そのリンゴは	--- （はてな に移動して空っぽ）	good おいしい			?

Yes, it was. / No, it wasn't. / Yes, they were. / No, they weren't. と答えます。

練習しよう　be 動詞の過去形：否定・疑問

Track 38

1 次の語句が主語のとき、be 動詞の否定形（was not / were not）を書きましょう。

1 The students ______ ～.　2 Jun and I ______ ～.

3 My sister ______ ～.　4 We ______ ～.

5 I ______ ～.　6 Jack ______ ～.

2 日本語に合うように色付きのボックスに適切な語句や符号を補い、文を完成させましょう。

1 昨日、僕は姉に対して怒っていなかったよ。

だれが	する／です	だれ・なに	どこ	いつ	
I		angry with my sister		yesterday	.

2 私たちはあの時、うれしくなかった。

だれが	する／です	だれ・なに	どこ	いつ	
We		happy		at that time	.

3 昨日は忙しかったの？

はてな	だれが	する／です	だれ・なに	どこ	いつ	
	you		busy		yesterday	

3 日本語に合うように、語句を並べかえて、英文をつくりましょう。

1 彼らは中学生ではありませんでした。
(junior high school students / not / they / were / .)

2 あなたのお母さん、先生だったの？（ a teacher / your mother / was / ? ）

3 昨日は緊張していたの？（ nervous / yesterday / you / were / ? ）

be 動詞の過去形の仕上げ

be 動詞の過去形が表すこと　過去の状態、いた場所、物事の感想など

ふつうの文　➡ 意味順 27

だれが	する／です	だれ・なに	どこ	いつ	
I 私は	was でした	busy 忙しい		yesterday 昨日	.
My parents 私の両親は	were いました		in Kyoto 京都に	last month 先月	.

☑ だれが の主語によって be 動詞は変わります。
I was, You were, 複数 were, その他は全部 was ですよ！

否定文　➡ 意味順 28

だれが	する／です	だれ・なに	どこ	いつ	
Takeshi タケシは	was not ではなかった	a tennis player テニス選手		three years ago 3 年前	.
The students 生徒たちは	were not ではなかった	tired 疲れている		this morning 今朝	.

☑ する／です の be 動詞に not をつけます。

☑ 短縮形も覚えましょう。was not → wasn't / were not → weren't

疑問文　➡ 意味順 28

はてな	だれが	する／です	だれ・なに	どこ	いつ	
Was でしたか？	this movie この映画は	---	interesting おもしろい			?
Were でしたか？	the apples そのリンゴは	---	good おいしい			?

☑ する／です の be 動詞を先頭の はてな に移動しましょう。

☑ 文の始まりは大文字になることに注意しましょう。

☑ 答え方：Yes, it was. / No, it wasn't.
Yes, they were. / No, they weren't.

並べかえ問題で仕上げよう　be 動詞の過去形

Track 39

日本語に合うように、語句を並べかえて、英文をつくりましょう。

1 先週は体調不良でした。（ sick / I / last week / was / . ）

2 私は自分の部屋にいました。（ in my room / I / was / . ）

3 そのトマトは新鮮(しんせん)だったね。（ fresh / the tomatoes / were / . ）

4 あの時はおなかがすいていなかったんだよ。（ at that time / hungry / I / not / was / . ）

5 きみの名前、掲示(けいじ)板になかったよ。（ not / on the board / was / your name / . ）

6 私たちは昨日、家にいませんでした。（ at home / not / we / were / yesterday / . ）

7 自分の部屋にいたの？（ in your room / were / you / ? ）

8 パスタはおいしかった？（ delicious / the pasta / was / ? ）

9 宿題は難しかったですか。（ difficult / the homework / was / ? ）

10 〈9に答えて〉いえ、難しくなかったです。（ it / no, / wasn't / . ）

意味順 30

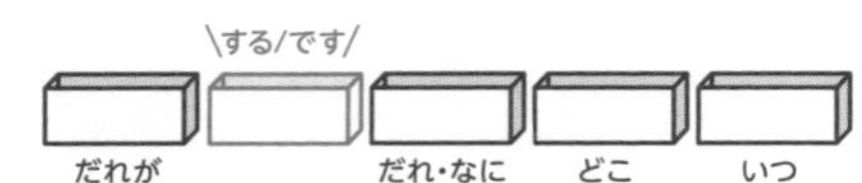

過去にしたことを伝える① 〈一般動詞の過去形：規則動詞〉

「昨日〜しました」のように過去にしたことを言うときには、する／です の一般動詞を過去形にします。多くの一般動詞は語尾に ed / d をつけると過去形になります。これらの動詞を規則（変化）動詞といいます。

現在形の文 日曜日には（いつも）映画を見るよ。

過去形の文 昨日、その映画を見たよ。

だれが	する／です	だれ・なに	どこ	いつ	
I 私は	watch 見る	movies 映画を		on Sundays 日曜日に	.
I 私は	watched 見た	the movie その映画を		yesterday 昨日	.

規則動詞の過去形は、主語の人称や数に関係なく、動詞の語尾に ed / d をつけます。

▶ ヨウタとカズは、先週の日曜日にあの公園で遊びました。

だれが	する／です	だれ・なに	どこ	いつ	
Yota and Kazu ヨウタとカズは	played 遊んだ		in that park あの公園で	last Sunday 先週の日曜日	.

↑ 三人称複数の主語

過去形のつくり方

① そのまま -ed
play → played

② y を i にかえて -ed
study → studied

③ e で終わる語は -d だけ
live → lived

④ 最後の文字を重ねて -ed
stop → stopped

だれが	する／です	だれ・なに	どこ	いつ	
My brother and I 兄と私は	studied 勉強した	math 数学を		last night 昨夜	.
Risa リサは	lived 住んでいた		in France フランスに	five years ago 5 年前	.
The train その電車は	stopped 止まった	suddenly 急に			.

練習しよう　一般動詞の過去形：規則動詞

Track 40

1 次の動詞を過去形にしましょう。

1 help（手伝う） → ＿＿＿＿

2 walk（歩く） → ＿＿＿＿

3 start（始める） → ＿＿＿＿

4 cry（泣く） → ＿＿＿＿

5 like（好きだ） → ＿＿＿＿

6 drop（落とす） → ＿＿＿＿

2 日本語に合うように色付きのボックスに適切な語句を補い、文を完成させましょう。

1 昨夜、私は弟の宿題を手伝いました。

だれが	する／です	だれ・なに	どこ	いつ	
I		my brother with his homework			.

2 先週、スマホ落としちゃった。

だれが	する／です	だれ・なに	どこ	いつ	
I		my smartphone			.

3 ジュンは昨日歩いて学校へ行ったよね。

だれが	する／です	だれ・なに	どこ	いつ	
Jun			to school		.

3 日本語に合うように、語句を並べかえて、英文をつくりましょう。

1 5 年前はこのサッカーチームが好きでした。
(this soccer team / I / liked / five years ago / .)

＿＿＿＿

2 今朝、妹が大泣きしました。（ a lot / cried / this morning / my sister / . ）

＿＿＿＿

3 このアニメは、1973 年に始まったんだよ。（ in 1973 / started / this anime / . ）

＿＿＿＿

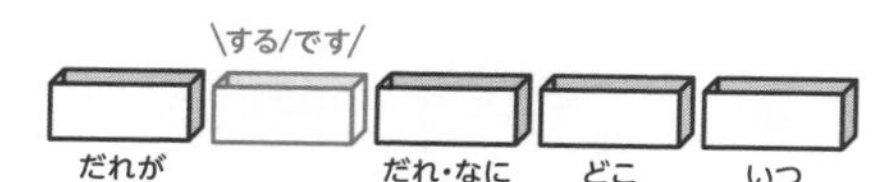

過去にしたことを伝える② 〈一般動詞の過去形：不規則動詞〉

語尾に ed / d をつけて過去形になる規則動詞のほかに、不規則に変化をする動詞もあります。それらの動詞を不規則（変化）動詞といいます。

go（行く）→ went（行った）　see（見る、会う）→ saw（見た、会った）

eat（食べる）→ ate（食べた）　make（作る）→ made（作った）

▶ 毎朝パンを食べるんだ。／今朝はおにぎりを食べたよ。

だれが	する／です	だれ・なに	どこ	いつ	
I 私は	eat 食べる	bread パンを		every morning 毎朝	.
I 私は	ate 食べた	rice balls おにぎりを		this morning 今朝	.

不規則動詞の過去形も、主語の人称や数に関係なく、同じ形です。

▶ 私たちは先週秩父（ちちぶ）に行った。／加藤（かとう）先生は先週秩父に行った。

だれが	する／です	だれ・なに	どこ	いつ	
We 私たちは	went 行った		to Chichibu 秩父に	last week 先週	.
Mr. Kato 加藤先生は	went 行った		to Chichibu 秩父に	last week 先週	.

⬆ 主語が一人称でも複数でも、三人称単数でも went

Mr. Kato went to Chichibu last week.

■ 主語が三人称単数のとき、現在形は動詞に -s/-es をつけたけど、過去形は主語に関係なく同じ形

練習しよう　一般動詞の過去形：不規則動詞

Track 41

1 動詞の過去形を書きましょう。また音声を聞いて、読み方を確認しましょう。

1 buy bought　2 go went　3 spend spent

4 eat ate　5 hear heard　6 do did

2 日本語に合うように、する／です に適切な動詞を書きましょう。

1 毎日、朝ごはんにおにぎりを食べます。今朝はパン１枚食べました。

だれが	する／です	だれ・なに	どこ	いつ	
I		a rice ball		for breakfast every day	.
I		a slice of bread		this morning	.

2 毎月、本屋でテニスの雑誌を買います。先月はこの雑誌をテニススクールで買いました。

だれが	する／です	だれ・なに	どこ	いつ	
I		a tennis magazine	at the bookstore	every month	.
I		this magazine	at the tennis school	last month	.

3 僕(ぼく)たちは毎年、夏休みは長野で過ごす。この夏はハワイで過ごした。

だれが	する／です	だれ・なに	どこ	いつ	
We		the summer vacation	in Nagano	every year	.
We		this summer	in Hawaii		.

3 日本語に合うように、語句を並べかえて、英文をつくりましょう。

1 昨日、その知らせを聞いたよ。(heard / I / the news / yesterday / .)

2 兄は初めてシンガポールに行った。
(for the first time / Singapore / my brother / went to / .)

3 弟は今朝、宿題をした。(did / his homework / my brother / this morning / .)

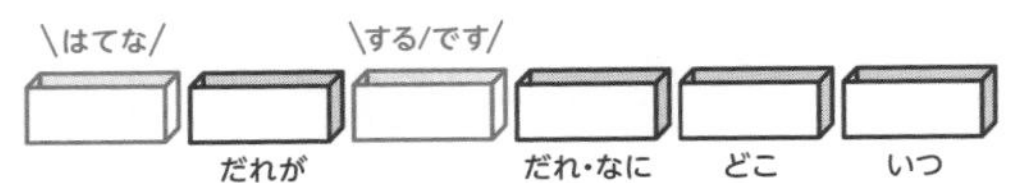

過去にしたことを伝える③〈一般動詞の過去形：否定・疑問〉

一般動詞の過去の文を「～しなかった」という否定文にするには、する／です の動詞の前にdidn't を置きます。そして動詞は原形にします。

ふつうの文　ケンは金曜日にエリス先生に会った。
否定文　ケンは金曜日、エリス先生に会わなかった。

だれが	する／です	だれ・なに	どこ	いつ	
Ken ケンは	saw 会った	Mr. Ellis エリス先生に		last Friday 先週の金曜日に	.
Ken ケンは	didn't see 会わなかった	Mr. Ellis エリス先生に		last Friday 先週の金曜日に	.

↑ didn't が入ると原形になる

また、一般動詞の文を「～しましたか？」と疑問文にするには、先頭に はてな を置き、そこにDid を入れます。する／です の動詞は原形にします。

ふつうの文　エミは 2 年前、岩手に住んでいました。
疑問文　エミは 2 年前、岩手に住んでいたの？

はてな	だれが	する／です	だれ・なに	どこ	いつ	
---	Emi エミは	lived 住んでいた		in Iwate 岩手に	two years ago 2 年前	.
Did しましたか？	Emi エミは	live 住んでいる		in Iwate 岩手に	two years ago 2 年前	?

↑ Did が入ると…　↑ 原形になる

答え方は、Yes, she did. / No, she didn't. です。Did を使ってたずねられたので、did を使って答えます。

はてな	だれが	する／です	だれ・なに	どこ	いつ	
Did しましたか？	you あなたは	clean 掃除する	your room あなたの部屋を		today 今日	?

練習しよう　一般動詞の過去形：否定・疑問

Track 42

1　次の動詞の原形を書きましょう。

1 arrived（到着(とうちゃく)した）→ ______　　2 cooked（料理した）→ ______

3 lost（なくした）→ ______　　4 caught（捕まえた）→ ______

5 came（来た）→ ______　　6 saw（見た）→ ______

2　日本語に合うように色付きのボックスに適切な語句や符号(ふごう)を補い、文を完成させましょう。

1 今朝は電車に間に合わなかった。　（電車に間に合う　catch the train）

だれが	する／です	だれ・なに	どこ	いつ	
I		the train		this morning	.

2 商品は今日、到着しなかった。

だれが	する／です	だれ・なに	どこ	いつ	
The goods				today	.

3 昨日カギを失くしちゃったの？

はてな	だれが	する／です	だれ・なに	どこ	いつ	
			the key		yesterday	

4 先週、医者に診(み)てもらった？　（医者に診てもらう　see a doctor）

はてな	だれが	する／です	だれ・なに	どこ	いつ	
			a doctor		last week	

3　日本語に合うように、語句を並べかえて、英文をつくりましょう。

1 宿題が終わらなかった。（ my homework / didn't / finish / I / . ）

2 昨夜、母は料理しませんでした。（ cook / didn't / last night / my mother / . ）

3 今日、郵便は来た？（ come / did / the mail / today / ? ）

意味順 33

一般動詞の過去形の仕上げ

一般動詞の過去形が表すこと　主語が過去にしたこと、過去の出来事

ふつうの文 ➡ 意味順 30・31

だれが	する／です	だれ・なに	どこ	いつ	
Shun シュンは	lived 住んでいた		in Hawaii ハワイに	ten years ago 10 年前	.
Nana and Risa ナナとリサは	ate 食べた	lunch ランチを		at 11:00 am 午前 11 時に	.

☑ 一般動詞の過去形には、「規則（変化）動詞」と「不規則（変化）動詞」があります。
規則動詞は ed のつけ方のパターンをチェックしましょう。
live → lived / study → studied / drop → dropped　など
不規則動詞はそれぞれ覚えましょう。
eat → ate / go → went / have → had　など

☑ 一般動詞の過去形は主語の人称や数に関係なく、同じ形です。

否定文 ➡ 意味順 32

だれが	する／です	だれ・なに	どこ	いつ	
Kanade カナデは	didn't play 弾かなかった	the guitar ギターを		this morning 今朝	.

☑ する／です に didn't を入れて否定文をつくります。動詞は原形になります。

疑問文 ➡ 意味順 32

はてな	だれが	する／です	だれ・なに	どこ	いつ	
Did ですか？	Rob ロブは	cook 料理をする		at home 家で	yesterday 昨日	?

☑ 先頭の はてな に Did を入れて、する／です の動詞は原形にします。

☑ 答え方：Yes, he did. / No, he didn't.

並べかえ問題で仕上げよう 一般動詞の過去形

Track 43

日本語に合うように、語句を並べかえて、英文をつくりましょう。

1 今朝は５時に起きました。（ at five / got up / I / this morning / . ）

2 先週、風邪(かぜ)をひいちゃったよ。（ a cold / caught / I / last week / . ）

3 姉は去年、高校生になった。
（ a high school student / became / my sister / last year / . ）

4 私は決勝戦に出ませんでした。（ didn't / I / the final match / take part in / . ）

5 昨夜は歯を磨(みが)かなかったね。（ brush / didn't / last night / you / your teeth / . ）

6 父は昨日、早く帰宅しなかった。
（ come home / didn't / early / my father / yesterday / . ）

7 マッキー。お寿司(すし)は食べてみた？（ did / the sushi / try / you / ? ）

Mackey.

8 新曲、聞いた？（ did / listen to / the new song / you / ? ）

9 長沼(ながぬま)先生は昨夜のパーティに来た？
（ come to / did / last night / Mr. Naganuma / the party / ? ）

10 〈9 に答えて〉うん、来たよ。（ did / he / yes, / . ）

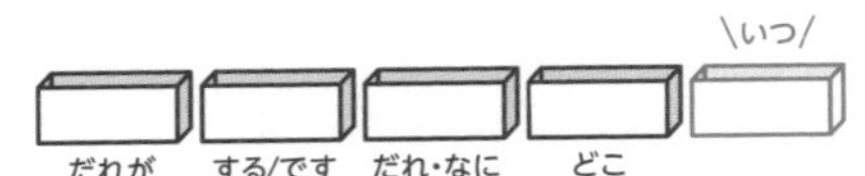

時や頻度を伝える

いつ に、時を表す語句を入れると、「いつの行動なのか」あるいは「いつの状態なのか」を説明できます。(p. 18「基本 04」)

▶ 弟は朝ごはんの前に歯を磨くんだ。／チヒロは今朝、おなかがすいていました。

だれが	する／です	だれ・なに	どこ	いつ	
My brother 弟は	brushes 磨く	his teeth 歯を		before breakfast 朝食前に	.
Chihiro チヒロは	was でした	hungry おなかがすいた		this morning 今朝	.

時を表す語句には、after（～の後で）や on（～日に）などの前置詞と使うものと、そのまま使うものがあります。

前置詞と使う	
on Fridays	（金曜日に）
after school	（放課後に）
in the morning	（朝に、午前中に）

そのまま使う	
last Sunday	（先週の日曜日）
yesterday	（昨日）
two years ago	（2年前）

いつ は、文の先頭に来ることもあります。その場合は「,（カンマ）」を入れて区切ります。

いつ	だれが	する／です	だれ・なに	どこ	
Yesterday, 昨日、	I 私は	went 行った		to Tokyo 東京に	.

always（いつも）、often（よく）、usually（たいてい）、sometimes（ときどき）など、「どのくらいの割合でするか（頻度）」を表す語は、する／です に入れます。

▶ ミノルは夕食によくごはんを 3 杯食べるんだ。彼はいつもおなかがすいているんだよ。

だれが	する／です	だれ・なに	どこ	いつ	
Minoru ミノルは	often eats よく食べる	three bowls of rice ごはんを 3 杯		for dinner 夕食に	.
He 彼は	is always です　いつも	hungry おなかがすいた			.

頻度を表す語は、する／です の中の一般動詞の前、be 動詞の後ろに入ります。

練習しよう 時・頻度の表現

Track 44

1 次の表現を英語で書きましょう。数字も英語で書きましょう。

1 放課後 ______

2 昨夜 ______

3 昨日 ______

4 3年前 ______

2 日本語に合うように、適切な動詞と時や頻度を表す表現を補い、文を完成させましょう。

1 いつも放課後は図書室にいます。昨日は職員室で工藤先生のお手伝いをしました。

だれが	する／です	だれ・なに	どこ	いつ	
I			in the library		.
I		Mr. Kudo	in the teachers' office		.

2 たいていは夕食後にリビングで宿題をする。今日は図書館で宿題をした。（do を使って）

だれが	する／です	だれ・なに	どこ	いつ	
I		my homework	in the living room		.
I		my homework	in the library		.

3 姉はときどき祖父のところに行く。彼女(かのじょ)は今朝、祖父のところに行った。（visit を使って）

だれが	する／です	だれ・なに	どこ	いつ	
My sister		our grandfather			.
She		him			.

3 日本語に合うように、語句を並べかえて、英文をつくりましょう。

1 私は朝食前に公園で走ります。（ before breakfast / in the park / I / run / . ）

______

2 彼(かれ)、いつも朝に洗車してるね。（ always / his car / in the morning / he / washes / . ）

______

3 校長先生はときどき授業を見に来ます。
（ our classes / our principal / sometimes / visits / . ）

______

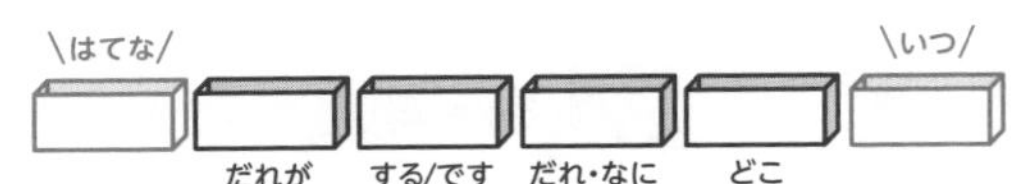

「いつ?」とたずねる〈疑問詞 When〉

When という疑問詞を使って、「いつなの?」「いつ〜するの?」「いつ〜したの?」とたずねます。疑問詞 When は、What や Where などと同じく、はてな の先頭に置きます。

▶ 夕飯前にピアノの練習したの?／いつピアノの練習したの?

はてな	だれが	する／です	だれ・なに	どこ	いつ	
Did しましたか?	you あなたは	practice 練習する	the piano ピアノを		before dinner 夕飯前に	?
When did いつ　しましたか?	you あなたは	practice 練習する	the piano ピアノを		知りたいこと (いつ?)	?

答えるときは、いつ に具体的な語句を入れます。

When did you practice the piano?
— I practiced the piano before dinner. (私は夕食の前に練習しました。)

▶ 誕生日は 5 月 3 日?／誕生日はいつ?

はてな	だれが	する／です	だれ・なに	どこ	いつ	
Is ですか?	your birthday あなたの誕生日は	---			May 3 5月3日	?
When is いつ　ですか?	your birthday あなたの誕生日は	---			知りたいこと (いつ?)	?

When is your birthday? — It's May 3. (5月3日です。)

「何時ですか?」と具体的な時刻をたずねる場合は、〈What + time〉を使います。

▶ 何時ですか?／何時に起きるの?

はてな	だれが	する／です	だれ・なに	どこ	いつ	
What time is 何時　ですか?	it 〈時間の it〉	---			知りたいこと (何時?)	?
What time do 何時に　しますか?	you あなたは	get up 起きる			知りたいこと (何時に?)	?

It's 10:30. / I get up at 7:00. のように答えます。

練習しよう 疑問詞 When

Track 45

1 日本語に合うように、空所に入る適切な語を [ ] から選びましょう。

1 ～はいつなの？ When ______ ～?

2 あなたはいつ～するの？ When ______ you ～?

3 あなたはいつ～したの？ When ______ you ～?

did
do
is

2 日本語に合うように色付きのボックスに適切な語句や符号(ふごう)を補い、文を完成させましょう。

1 放課後は図書館にいるの？ いつ図書館にいるの？

はてな	だれが	する／です	だれ・なに	どこ	いつ	
	you			in the library	after school	
				in the library		

2 夕食後に宿題をするの？ いつ宿題をするの？

はてな	だれが	する／です	だれ・なに	どこ	いつ	
	you	do	your homework		after dinner	
		do	your homework			

3 10 時に帰宅するの？ 昨日は何時に帰宅したの？

はてな	だれが	する／です	だれ・なに	どこ	いつ	
	you	come		home	at 10:00	
		come		home	yesterday	

3 日本語に合うように、語句を並べかえて、英文をつくりましょう。

1 何時に夕食を食べているの？ (dinner / do / have / what time / you / ?)

______

2 開校記念日はいつですか。 (anniversary / is / the school / when / ?)

______

時・疑問詞 When の仕上げ

When の疑問文で 「いつ〜?」と状態や出来事の時についてたずねる

時を伝える表現 ➡ 意味順 34

だれが	する／です	だれ・なに	どこ	いつ	
My brother 弟は	brushes 磨く	his teeth 歯を		before breakfast 朝食前に	.
Chihiro チヒロは	was でした	hungry おなかがすいている		this morning 今朝	.

☑ いつ には時を表す語句が入ります。

前置詞と使うもの on Fridays (金曜日に) / before breakfast (朝食前に) など

そのまま使うもの every day (毎日) / yesterday (昨日) など

☑ 頻度(ひんど)を表す語は する／です に入れて使います。「一般動詞の前、be 動詞の後ろ」です。

always (いつも) / usually (たいてい) / sometimes (ときどき) など

だれが	する／です	だれ・なに	どこ	いつ	
Minoru ミノルは	often eats よく 食べる	three bowls of rice ごはんを 3 杯		for dinner 夕食に	.
He 彼は	is always です いつも	hungry おなかがすいている			

When の疑問文 ➡ 意味順 35

はてな	だれが	する／です	だれ・なに	どこ	いつ	
When did いつ しましたか?	you あなたは	do する	your homework 宿題を		知りたいこと	?
When is いつ ですか?	tanabata 七夕は	---			知りたいこと	?

☑ 答え方:時を表す語句で答えます。

When did you do your homework? — I did it last night. (昨夜しました。)

When is tanabata? — It's July 7. (7 月 7 日です。)

並べかえ問題で仕上げよう　時・疑問詞 When

Track 46

日本語に合うように、語句を並べかえて、英文をつくりましょう。

1 トムはときどきミーティングに遅刻する。
(is / late for meetings / sometimes / Tom / .)

2 妹はお風呂(ふろ)上りに歯を磨く。(after / bathing / brushes / her teeth / my sister / .)

3 おじは健康のためにいつも水をたくさん飲んでいる。
(a lot of water / always / drinks / for his health / my uncle / .)

4 いつヨーグルト食べているの？ (do / eat / when / yogurt / you / ?)

5 日本にはいつ来られたんですか？ (come to / did / Japan / when / you / ?)

6 いつ美容室に行ったの？ (did / go to / the beauty salon / when / you / ?)

7 文化祭はいつ？ (is / the school festival / when / ?)

8 ねぇお父さん。お父さんたちの結婚記念日はいつなの？
(is / when / your wedding anniversary / ?)

Dad.

9 しめ切りはいつですか。(is / the deadline / when / ?)

10 〈9に答えて〉来週の金曜日です。(is / it / next Friday / .)

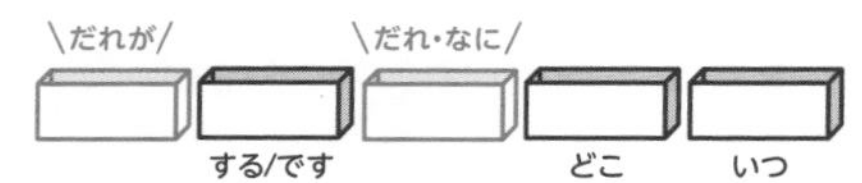

〈名詞＋前置詞句〉のカタマリ

名詞を詳(くわ)しく説明するときの語順は、日本語でも英語でも基本的には同じです。

この例では、tall / young / American という形容詞が boy を説明しています。しかし、from America（アメリカ出身の）のように前置詞とセットになって 2 語以上で説明する場合は、名詞の後ろから説明します。

■ 日本語と語順が違(ちが)う…

形容詞と組み合わせて、前後からダブルで説明することもあります。

これらの名詞のカタマリは、**だれが** や **だれ・なに** に入れて使います。

だれが	する／です	だれ・なに	どこ	いつ	
People in Osaka 大阪の人たちは	often eat よく　食べる	*takoyaki* たこ焼きを			.
I 私は	liked 気に入った	the present from Yuka ユカからのプレゼントを			.

練習しよう 〈名詞＋前置詞句〉

Track 47

1 例にならって、▭ で囲み、「名詞のカタマリ」を確認しましょう。

例 [a teacher from Canada] （カナダ出身の先生）

1 people in America （アメリカの人々）

2 the book in my bag （カバンに入っている本）

3 the tall building on the mountain （山の上にある高い建物）

2 次の語句を並べかえて日本語の意味を表す「名詞のカタマリ」をつくりましょう。

1 フィリピン出身の英語の先生 （ the Philippines / an / teacher / English / from ）

2 ルーシーへのたくさんのプレゼント （ presents / of / a / for / lot / Lucy ）

3 文の中にある名詞のカタマリを見つけて、▭ で囲みましょう。

例 Mr. Collin is [a teacher from Canada]. （コリンさんはカナダ出身の先生です。）

1 People in America like basketball. （アメリカの人たちはバスケが好きなんだ。）

2 The book in my bag is Mr. Kato's. （カバンに入ってる本は加藤(かとう)先生のだよ。）

3 Look at that tall building on the mountain! （山の上の高い建物見て！）

4 Kenji is the captain of our team. （ケンジは私たちのチームのキャプテンだ。）

5 Many people from all over the world visit some famous temples in Kyoto.
（世界中の多くの人々が京都の有名なお寺を訪れます。）

復習テスト ③

過去の文

50点

1

次の文の ＿＿＿ に当てはまる be 動詞を (is / am / are / was / were) から選んで書きなさい。必要であれば大文字にしなさい。

2点×8

1 I ＿＿＿＿＿ very hungry last night.

2 My sister and I ＿＿＿＿＿ in the library yesterday.

3 It ＿＿＿＿＿ rainy now.

4 This book ＿＿＿＿＿ popular ten years ago.

5 ＿＿＿＿＿ you busy last Saturday?

6 They ＿＿＿＿＿ not junior high school students now.

7 ＿＿＿＿＿ the singer famous in 2002?

8 I ＿＿＿＿＿ not sleepy now.

2

次の英文を、意味順ボックスに正しく書き写しなさい。

3点×3

1 Toshi studied math last night. (トシは、昨夜、数学を勉強した。)

だれが	する／です	だれ・なに	どこ	いつ	

2 I didn't have breakfast this morning. (今朝は朝食を食べなかった。)

だれが	する／です	だれ・なに	どこ	いつ	

3 The students helped an old lady at the station yesterday.
(昨日、その学生たちは、駅でおばあさんを助けた。)

だれが	する／です	だれ・なに	どこ	いつ	

3 次の日本文を英文にしなさい。

5点×3

1 今日、塾（the cram school）に行った？

---

2 その本、おもしろかった？

---

3 昨日は YouTube を見なかったな。

---

4 下のコマ漫画は、中学生ジュンの昨日の１日です。ジュンの立場になって昨日の出来事を発表する文を英語で書きなさい。ただし、I went to school at eight. に続く４文で書くこと。

10点

1

2

3

4

I went to school at eight.

意味順 37

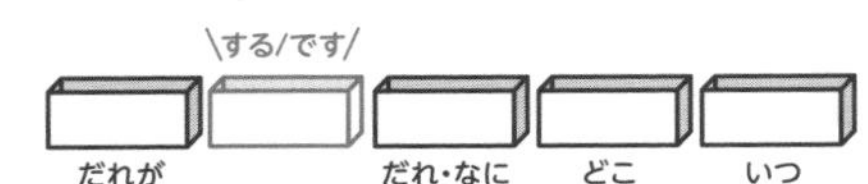

「今〜している」と伝える① 〈現在進行形〉

「今（この瞬間に）〜している」と、進行中の動作を表すには、現在進行形を使います。現在進行形は be 動詞（am / are / is）と動詞の 〜ing 形を **する／です** に入れます。be 動詞は主語によって変わります。

現在形の文 夕食後（いつも）リサは TV ドラマを見ます。

現在進行形の文 今は数学の勉強をしているところです。

だれが	する／です	だれ・なに	どこ	いつ	
Risa リサは	watches 見る	a TV drama TV ドラマを		after dinner 夕食後に	.
She 彼女は	is studying 勉強している	math 数学を		now 今	.

↑ be 動詞＋動詞の 〜ing 形

現在形が「夕食後にドラマを見る」という習慣を表すのに対し、現在進行形は「今この瞬間、数学の勉強をしている最中」という状況をリアルタイムに表します。

〜ing 形のつくり方

① そのまま -ing
play → playing
eat → eating

② e を取って-ing
make → making
invite → inviting

③ 最後の文字を重ねて-ing
sit → sitting
hit → hitting

だれが	する／です	だれ・なに	どこ	いつ	
I 私は	am making 作っている	dinner 夕食を		now 今	.
A monkey サルが	are sitting 座っている		by my car 私の車のそばに	now 今	.

「〜している」と進行形にできるのは、「動作」を表す動詞です。like（好き）、want（欲しい）、know（知っている）などは、「状態」を表す動詞のため、進行形にできません。

練習しよう 現在進行形

Track 48

1 次の動詞を ～ing 形にしましょう。

1 eat ______　2 wait ______　3 sing ______

4 talk ______　5 study ______　6 play ______

2 （　）内の動詞を使い、必要があれば適切な形にして、日本語に合う英文をつくりましょう。

1 夕食前にテレビゲームをする。今テレビゲームをしている。（play）

だれが	する／です	だれ・なに	どこ	いつ	
I		a video game		before dinner	.
I		a video game		now	.

2 タケルは音楽の授業で校歌を歌う。今彼(かれ)らは体育館で校歌を歌っている。（sing）

だれが	する／です	だれ・なに	どこ	いつ	
Takeru		the school song	in music class		.
They		the school song	in the gym	now	.

3 ノゾミは夕食後リビングで宿題をする。今は自分の部屋で宿題をしている。（do）

だれが	する／です	だれ・なに	どこ	いつ	
Nozomi		her homework	in the living room	after dinner	.
She		her homework	in her room	now	.

3 日本語に合うように、語句を並べかえて、英文をつくりましょう。

1 私は朝食を食べているところです。（ am / breakfast / eating / I / . ）

______

2 私たちはきみを待っているんだよ。（ are / waiting for / we / you / . ）

______

3 柴田(しばた)先生は生徒と話しているところです。
（ is / Ms. Shibata / talking / with her student / . ）

______

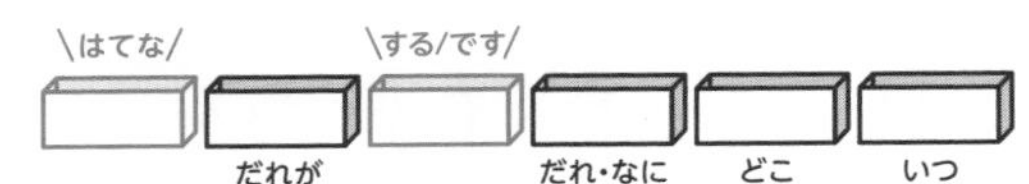

「今～している」と伝える②〈現在進行形：否定・疑問〉

「～しているところではない」「～していない」という現在進行形の否定文では、する／です のbe動詞の後ろにnotを入れます。

ふつうの文　あの子たち、あそこであの有名な歌手を待ってるんだね。
否定文　あの子たちは、あそこであの有名な歌手を待っているんじゃないよ。

だれが	する／です	だれ・なに	どこ	いつ	
Those girls あの女の子たちは	are waiting for 待っている	the famous singer 有名な歌手を	there あそこで		.
Those girls あの女の子たちは	aren't waiting for 待っているところではない	the famous singer 有名な歌手を	there あそこで		.

「～しているところですか？」という疑問文では、先頭の はてな にbe動詞（is / am / are）を移動します。する／です には動詞の～ing形が残ります。

ふつうの文　きみはこのコンピュータを使っているんだね。
疑問文　このコンピュータを使っている？

はてな	だれが	する／です	だれ・なに	どこ	いつ	
---	You あなたは	are using 使っている	this computer このコンピュータを			.
Are ですか？	you あなたは	using 使っている	this computer このコンピュータを			?

↑be動詞が移動　↑～ing形だけ残ってる！

答え方は、Yes, I am. / No, I'm not. です。

また、What などの疑問詞と組み合わせた疑問文も使われます。

▶あなたたち、今、ここで何してるの？――この部屋を掃除してるんだよ。

はてな	だれが	する／です	だれ・なに	どこ	いつ	
What are 何　ですか？	you あなたたちは	doing している		here ここで	now 今	?
---	We 私たちは	are cleaning 掃除している	this room この部屋を			.

練習しよう　現在進行形の否定・疑問

Track 49

1 日本語に合うように、空所に適切な語を書きましょう。

1 あなたは～しているところ？ ______ ______ doing ～？

2 彼女(かのじょ)は～しているところ？ ______ ______ doing ～？

3 彼(かれ)らは～しているところ？ ______ ______ doing ～？

2 日本語に合うように色付きのボックスに適切な語句や符号(ふごう)を補い、文を完成させましょう。 する／です には（　）内の動詞を適切な形にして入れましょう。

1 テレビは見ないんだ。今テレビを見ていません。（watch）

だれが	する／です	だれ・なに	どこ	いつ	
I		TV			.
I		TV		now	.

2 小説は読む？ 小説を読んでいるの？（read）

はてな	だれが	する／です	だれ・なに	どこ	いつ	
	you		novels			
	you		a novel			

3 ノゾミはリビングで何をするの？ 今は自分の部屋で何しているの？（do）

はてな	だれが	する／です	だれ・なに	どこ	いつ	
	Nozomi			in the living room		
	she			in her room	now	

3 日本語に合うように、語句を並べかえて、英文をつくりましょう。

1 山頂は雨が降っていません。（ at the top of the mountain / is / it / not / raining / . ）

____

2 私の話、聞いてる？（ are / me / listening to / you / ? ）

____

現在進行形の仕上げ

現在進行形の文が表すこと　主語（だれが）が今まさにしていること

ふつうの文 ➜ 意味順 37

だれが	する／です	だれ・なに	どこ	いつ	
I 私は	am eating 食べている	dinner 夕飯を		now 今	.

☑ be 動詞と一般動詞の ~ing 形を使います。

☑ be 動詞は主語によって、is / am / are を使います。

☑ ~ing 形の作り方は 3 パターンあります。

① play → playing　② live → living　③ cut → cutting

否定文 ➜ 意味順 38

だれが	する／です	だれ・なに	どこ	いつ	
Risa リサは	isn't studying 勉強しているところではない	math 数学を		now 今	.
They 彼女らは	aren't waiting for 待っているところではない	the famous singer 有名な歌手を	there あそこで		.

☑ be 動詞のあとに not を加えます。

疑問文 ➜ 意味順 38

はてな	だれが	する／です	だれ・なに	どこ	いつ	
Are ですか？	you あなたは	eating 食べている			now 今	?
Is ですか？	Hiro ヒロは	cooking 料理している			now 今	?
What is 何　ですか？	Hiro ヒロは	doing している			now 今	?

☑ 現在進行形の疑問文は be 動詞（is / am / are）を はてな へ移動します。

☑ する／です には動詞の ~ing 形が残ります。

☑ 答え方：Is Hiro cooking now? — Yes, he is. / No, he isn't.

What is Hiro doing now? — He is studying in his room.

並べかえ問題で仕上げよう　現在進行形

Track 50

日本語に合うように、語句を並べかえて、英文をつくりましょう。

1 駅に向かって走っているところです。(am / I / to the station / running / .)

2 ちょうど天気予報を見ているところだよ。(am / I / the weather report / watching / .)

3 妹はリビングで寝(ね)ています。(is / in the living room / my sister / sleeping / .)

4 今はコンピュータを使っていません。(am / I / not / now / using the computer / .)

5 マリは友だちと話しているのではありません。
(is / talking / with her friend / Mari / not / .)

6 私たちはバスを待っているのではありません。
(are / for the bus / not / waiting / we / .)

7 メール書いているところ? (an email / are / writing / you / ?)

8 シズカはシャワーを浴びているところ? (a shower / is / Shizuka / taking / ?)

9 何してるの? (are / doing / what / you / ?)

10 〈9に答えて〉荷造りしているところだよ。(am / I / packing / .)

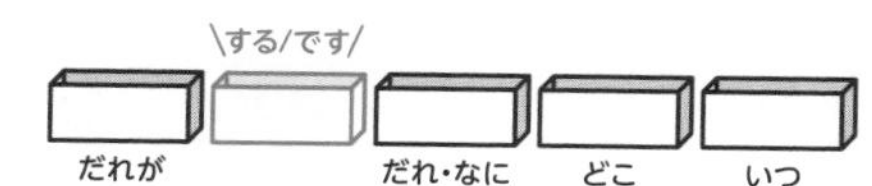

「〜していた」と伝える① 〈過去進行形〉

「あのとき、〜しているところだった」と、過去のある時に進行中だったことを表すには、過去進行形を使います。過去進行形は、be 動詞の過去形（was / were）と動詞の 〜ing 形を する／です に入れます。

現在進行形 私は今、お風呂に入っています。

過去進行形 私はそのとき、お風呂に入っていました。

だれが	する／です	だれ・なに	どこ	いつ	
I 私は	am taking 入っている	a bath お風呂に		now 今	.
I 私は	was taking 入っていた	a bath お風呂に		at that time そのとき	.

過去形と過去進行形は、どのように違うのでしょうか。

過去形の文 私は昨日、宿題をしました。

過去進行形の文 私は昨日の正午、宿題をしていました。

だれが	する／です	だれ・なに	どこ	いつ	
I 私は	did した	my homework 宿題を		yesterday 昨日	.
I 私は	was doing していた	my homework 宿題を		at noon yesterday 昨日の正午	.

過去形は、すでに終了した過去の出来事を表します。「昨日」という時間帯の中で、「宿題をする」という動作はもう終わってます。一方、過去進行形は「昨日の正午」のように、特定のある時点でその動作が進行していたことを表します。そのため、 いつ には過去のある時点（短い時間）を表す語句が入ります。

at noon（正午に）　　five hours ago（5 時間前）

at 8:00 am（午前 8 時に）　　then（そのとき）

「昨日、宿題をした」

「昨日の正午は宿題をしていた」

練習しよう 過去進行形

Track 51

1 次の表現を英語で書きましょう。数字も英語で書きましょう。

1 そのとき　2 あのとき　3 3時間前

2 日本語に合うように色付きのボックスに適切な語句を補い、文を完成させましょう。する／です には（　）内の動詞を適切な形にして入れましょう。

1 昨日シャワーを浴びました。あのとき、私はシャワーを浴びていました。（take）

だれが	する／です	だれ・なに	どこ	いつ	
I		a shower		yesterday	.
I		a shower			.

2 先週、公園で走りました。3時間前、私は公園で走っていました。（run）

だれが	する／です	だれ・なに	どこ	いつ	
I			in the park	last week	.
I			in the park		.

3 サトシは放課後にテニス雑誌を読んだ。そのとき、彼(かれ)はテニス雑誌を読んでいました。（read）

だれが	する／です	だれ・なに	どこ	いつ	
Satoshi		a tennis magazine		after school	.
He		a tennis magazine			.

3 日本語に合うように、語句を並べかえて、英文をつくりましょう。

1 イヌを散歩させていました。（ I / my dog / walking / was / . ）

2 母は花に水をあげていました。（ my mother / the flowers / was / watering / . ）

3 私たちはそのとき、ショッピングセンターで買い物を楽しんでいました。
（ enjoying / in the mall / shopping / then / we / were / . ）

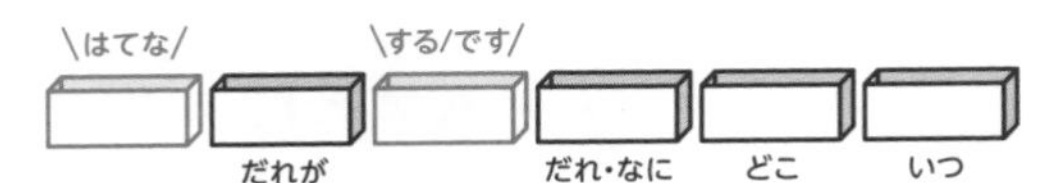

「〜していた」と伝える②〈過去進行形：否定・疑問〉

過去進行形の文を「〜していたところではない」「〜していなかった」と否定文にするには、する／です の be 動詞の後ろに not を入れます。

▶ユリは校庭で走っているところだった。／ユリはそのとき校庭で走っていなかった。

だれが	する／です	だれ・なに	どこ	いつ	
Yuri ユリは	was running 走っていた		in the school yard 校庭で		.
Yuri ユリは	wasn't running 走っていなかった		in the school yard 校庭で	then そのとき	.

「〜していましたか？」という疑問文にするには、先頭の はてな に be 動詞（was / were）を移動します。

▶あなたはそのとき宿題をしているところだった。／あなたはそのとき宿題をしていたの？

はてな	だれが	する／です	だれ・なに	どこ	いつ	
---	You あなたは	were doing しているところだった	your homework 宿題を		then そのとき	.
Were でしたか？	you あなたは	doing しているところ	your homework 宿題を		then そのとき	?

⬆be 動詞が移動　⬆〜ing 形だけ残ってる！

答え方は、Yes, I was. / No, I wasn't. です。

また、What などの疑問詞と組み合わせた疑問文もよく使われます。

▶あなたはそのとき何をしていたの？／彼らはどこでサッカーをしていたの？

はてな	だれが	する／です	だれ・なに	どこ	いつ	
What were 何 でしたか？	you あなたは	doing している			then そのとき	?
Where were どこで でしたか？	they 彼らは	playing している	soccer サッカーを			?

答え方の例は、それぞれ以下のようになります。

I [was reading a book] in the library.（図書館で本を読んでたんだよ。）

They were playing soccer [in the sports center].（スポーツセンターでしていたよ。）

練習しよう 過去進行形の否定・疑問

Track 52

1 日本語に合うように、空所に適切な語を書きましょう。

1 あなたは〜していたところ？ ______ ______ doing 〜？

2 彼女(かのじょ)は〜していたところ？ ______ ______ doing 〜？

3 彼(かれ)らは〜していたところ？ ______ ______ doing 〜？

2 日本語に合うように色付きのボックスに適切な語句や符号(ふごう)を補い、文を完成させましょう。

する／です には（　）内の動詞を適切な形にして入れましょう。

1 昨日はシャワーを浴びなかった。あのとき、私はシャワーを浴びていませんでした。（take）

だれが	する／です	だれ・なに	どこ	いつ	
I		a shower		yesterday	.
I		a shower			.

2 先週、公園で走りましたか。どこで走っていたのですか。（run）

はてな	だれが	する／です	だれ・なに	どこ	いつ	
	you			in the park	last week	
	you					

3 サトシは今日、テニス雑誌を読んだ？ そのとき、彼はテニス雑誌を読んでいたの？（read）

はてな	だれが	する／です	だれ・なに	どこ	いつ	
	Satoshi		the tennis magazine		today	
	he		the tennis magazine			

3 日本語に合うように、語句を並べかえて、英文をつくりましょう。

1 雨の中、走っていたの？（ in the rain / running / were / you / ? ）

______

2 そのとき、何の教科を勉強していましたか。
(studying / then / were / what subject / you / ?)

______

意味順 42

過去進行形の仕上げ

過去進行形の文が表すこと　主語（だれが）が過去のある時点でしていることを表す

ふつうの文 ➔ 意味順 40

だれが	する／です	だれ・なに	どこ	いつ	
I 私は	was sleeping 眠っているところだった			then そのとき	.

☑ be 動詞と一般動詞の ～ing 形を使います。
☑ be 動詞は主語によって、was / were を使います。
☑ いつ には、過去のある瞬間（しゅんかん）を表す語句が入ります。

否定文 ➔ 意味順 41

だれが	する／です	だれ・なに	どこ	いつ	
Kazu カズは	wasn't reading 読んでいるところではなかった	the book その本を		at 8:00 am 朝 8 時	.
We 私たちは	weren't playing しているところではなかった	tennis テニスを		at that time そのとき	.

☑ be 動詞のあとに not を加えます。

疑問文 ➔ 意味順 41

はてな	だれが	する／です	だれ・なに	どこ	いつ	
Was でしたか？	she 彼女は	writing 書いているところ	a letter 手紙を			?
Were でしたか？	they 彼らは	playing しているところ	soccer サッカーを			?
Where were どこ　でしたか？	they 彼らは	playing しているところ	soccer サッカーを			?

☑ 過去進行形の疑問文は be 動詞（was / were）のみ はてな へ移動します。
☑ する／です には動詞の ～ing 形が残ります。
☑ 答え方：Were they playing soccer? — Yes, they were. / No, they weren't.

並べかえ問題で仕上げよう　過去進行形

Track 53

日本語に合うように、語句を並べかえて、英文をつくりましょう。

1 私はアヤと図書館で勉強していました。
(I / in the library / studying / was / with Aya / .)

2 姉は電話をしていました。(my sister / on the phone / talking / was / .)

3 そのとき、私たちはレストランで食事していました。
(having dinner / in the restaurant / then / we / were / .)

4 あのとき、僕(ぼく)はタブレットを使っていませんでした。
(at that time / I / the tablet / not using / was / .)

5 電車の中では寝(ね)ていませんでした。(I / not sleeping / on the train / was / .)

6 ケンは宿題をしていなかったよ。(doing / Ken / his homework / not / was / .)

7 中村さんは休憩(きゅうけい)中、話をしていませんでした。
(during her break / Ms. Nakamura / not talking / was / .)

8 お風呂場(ふろば)で歌を歌ってました？ (a song / in the bathroom / singing / you / were / ?)

9 何を読んでいたの？ (reading / were / what / you / ?)

10 〈9に答えて〉英字新聞を読んでいました。(an English newspaper / I / reading / was / .)

動詞の形が伝えること

する／です に入る動詞は、現在形、過去形、現在進行形、過去進行形といろいろな形になります。それぞれの意味や使い方を比べながら、確認しましょう。

現在形は、「ふだん習慣的にやっている」ことを表します。**I wash the dishes.** の場合、「家でふだん皿洗いをしている」ということや、話の流れによっては「職業としてレストランで皿洗いをしている」ということを伝えます。話している「今」それをしているとは限りません。一方、現在進行形では、話をしている「今この瞬間(しゅんかん)に行われていること」を実況(じっきょう)しています。

過去形は過去に起きた出来事を振(ふ)り返って事実を述べています。出来事を順番に伝えることができるので、日記や物語を書くのに便利です。一方、過去進行形は過去のある時点でその動作が続いていたことを表します。「昨夜電話したあのとき」のように、話している人同士が同じ時間を思い浮かべています。

いつ に時を表す言葉を入れて、する／です の動詞の形を変えることで、いろいろな状況を伝えることができます。その時の出来事をどのようにとらえているかがポイントです。

「動詞の形が伝えること」を確認しよう

Track 54

日本語に合うように、動詞（study）を適切な形に変えて する／です に入れましょう。ただし、形が変わらない場合もあります。

1 私は毎日、英語を勉強する。

だれが	する／です	だれ・なに	どこ	いつ	
I		English		every day	.

2 きみは毎日、社会を勉強するね。

だれが	する／です	だれ・なに	どこ	いつ	
You		social studies		every day	.

3 ジュンは毎日、理科を勉強する。

だれが	する／です	だれ・なに	どこ	いつ	
Jun		science		every day	.

4 私は昨日、英語を勉強しました。

だれが	する／です	だれ・なに	どこ	いつ	
I		English		yesterday	.

5 ジュンは今日、理科を勉強しました。

だれが	する／です	だれ・なに	どこ	いつ	
Jun		science		today	.

6 私はそのとき、英語を勉強していました。

だれが	する／です	だれ・なに	どこ	いつ	
I		English		then	.

7 きみはあのとき、社会を勉強していました。

だれが	する／です	だれ・なに	どこ	いつ	
You		social studies		at that time	.

8 ジュンは3時間前、理科を勉強していました。

だれが	する／です	だれ・なに	どこ	いつ	
Jun		science		three hours ago	.

Track 55

意味順 Activity 英語を聞いて答えよう ③

友だちのマイク（Mike）があなたに昨日のことを話します。マイクの話を聞いて、質問の答えを意味順ボックスに書きましょう。

1 What time did Mike go home from school?

だれが	する／です	だれ・なに	どこ	いつ	

2 Where did Mike go after dinner?

だれが	する／です	だれ・なに	どこ	いつ	

3 What did Mike study last night?

だれが	する／です	だれ・なに	どこ	いつ	

4 What was Mike doing this morning?

だれが	する／です	だれ・なに	どこ	いつ	

5 How does Mike feel now?

だれが	する／です	だれ・なに	どこ	いつ	

意味順 **Activity**

英語で書こう ③

カナダにいる友だちのアレン（**Allen**）とオンライン・チャットをしています。アレンから **What are your family doing now?** と質問されました。与えられた語句を適切な形にしてそれぞれの人物についての説明を意味順ボックスに書きましょう。

1

mother / make breakfast

2

father / read a newspaper

3

sister / wash her face

4

grandparents / watch TV

1

だれが	する／です	だれ・なに	どこ	いつ	

2

だれが	する／です	だれ・なに	どこ	いつ	

3

だれが	する／です	だれ・なに	どこ	いつ	

4

だれが	する／です	だれ・なに	どこ	いつ	

復習テスト 4

現在進行形・過去進行形

/50点

1 次の日本文の意味になるように、英文の（　）内に入る適切な語句を ◯ で囲みなさい。

2点×6

1 そのコンピュータ、今ミサが使ってるよ。

Misa (uses / is using) that computer now.

2 ブラウン先生は、毎日歩いて学校に来ています。

Mr. Brown (walks / is walking) to school every day.

3 あの背の高い男の子のことを知っています。

I (know / am knowing) about that tall boy.

4 昨年は、紅組(あかぐみ)が勝ちました。

The red team (won / was winning) last year.

5 ごめん、そのときお風呂(ふろ)入ってた。

Sorry, I (took / was taking) a bath at that time.

6 そこで何してるの？

What (are / do) you doing there?

2 次の英文を、意味順ボックスに正しく書き写しなさい。

4点×3

1 Ken is playing basketball in the gym now.（ケンは今、体育館でバスケしてるよ。）

だれが	する／です	だれ・なに	どこ	いつ	

2 Yumi was sleeping in her room.（ユミは部屋で寝(ね)ていました。）

だれが	する／です	だれ・なに	どこ	いつ	

3 Where were you cleaning then?（そのとき、どこを掃除(そうじ)してたの？）

はてな	だれが	する／です	だれ・なに	どこ	いつ	

3 次の日本文を英文にしなさい。

4点×4

1 私は今、勉強してるよ。

2 マンガ読んでないよ。

3 あのとき何してたの？

4 タクロウ（Takuro）と電話で話してたんだよ。

4 ジュン（Jun）は友だちのジョー（Joe）から SNS のメッセージをもらいました。

メッセージのやりとりを読んで、ジュンの立場でジョーに返信するとき、A に入る文を次の文に続いて 2 文書きなさい。

10点

My mother is sick today.

追加ボックスのまとめ

この本の【ドリル1】と【ドリル2】で登場する追加ボックスです。それぞれのボックスの使い方は、各意味順セクションで確認しましょう。

はてな

【ドリル1】

- 意味順 03　be 動詞の疑問文
- 意味順 12・13　一般動詞の疑問文
- 意味順 16　疑問詞 Who/What
- 意味順 18〜20　疑問詞 How
- 意味順 23　疑問詞 Where
- 意味順 24　疑問詞 Whose
- 意味順 25　疑問詞 Which
- 意味順 28　be 動詞の過去形の疑問文
- 意味順 32　一般動詞の過去形の疑問文
- 意味順 35　疑問詞 When
- 意味順 38　現在進行形の疑問文
- 意味順 41　過去進行形の疑問文

【ドリル2】

疑問文

- 意味順 31　間接疑問文

選択肢

【ドリル1】

- 意味順 25　疑問詞 Which

【ドリル2】

- 意味順 16　形容詞の比較級
- 意味順 18　副詞の比較級・最上級

どうやって

【ドリル1】

- 意味順 20　疑問詞 How

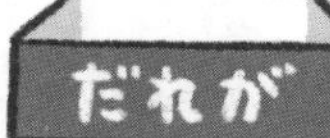

する/です

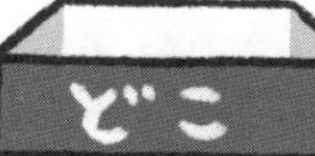

つなぐ

【ドリル2】

- 意味順 26　接続詞 when
- 意味順 27　接続詞 because
- 意味順 28　接続詞 if
- 意味順 29　感情の理由や内容を説明する that
- 意味順 30　名詞のカタマリをつくる that

目的

【ドリル2】

- 意味順 08　不定詞：副詞的用法

比べる

【ドリル2】

- 意味順 16　形容詞の比較級
- 意味順 18　副詞の比較級・最上級
- 意味順 19　比較級・最上級のつくり方
- 意味順 20　as ... as

不規則動詞変化表

この本の【ドリル1】と【ドリル2】で登場する不規則動詞の一覧です。

原形	過去形	過去分詞
be (am / is / are)	was / were	been
break	broke	broken
bring	brought	brought
build	built	built
buy	bought	bought
catch	caught	caught
come	came	come
do	did	done
draw	drew	drawn
drink	drank	drunk
drive	drove	driven
eat	ate	eaten
feel	felt	felt
find	found	found
forget	forgotten [forgot]	forgotten [forgot]
get	gotten [got]	gotten [got]
give	gave	given
go	went	gone
have / has	had	had
hear	heard	heard
keep	kept	kept
know	knew	known
leave	left	left
lend	lent	lent
lose	lost	lost
make	made	made
meet	met	met
put	put	put

原形	過去形	過去分詞
read	read	read
ride	rode	ridden
run	ran	run
say	said	said
see	saw	seen
send	sent	sent
show	showed	shown
sing	sang	sung
sit	sat	sat
sleep	slept	slept
speak	spoke	spoken
stand	stood	stood
swim	swam	swum
take	took	taken
teach	taught	taught
tell	told	told
think	thought	thought
understand	understood	understood
wake	woke	waken
win	won	won
write	wrote	written

ダウンロード版

『解答用〈意味順〉シート』『〈意味順〉確認音声』の使い方

▶解答用〈意味順〉シート

意味順を意識しながら自然に英文を書く練習をするための学習シートです。ボックスごとの記入欄ではなく、ガイドを目安にしながらスペースを気にしないで書き込むことができます。この本での学習に合わせたA～Fの6種類のシートがあります。

A 基本ボックス	【ドリル1】【ドリル2】ともに使える基本のシートです。
B 追加ボックス「どうやって」	【ドリル1】意味順20
C 追加ボックス「選択肢」	【ドリル1】意味順25　【ドリル2】意味順16・18
D 追加ボックス「目的」	【ドリル2】意味順08
E 追加ボックス「比べる」	【ドリル2】意味順16・18・19・20
F 追加ボックス「つなぐ」	【ドリル2】意味順26・27・28・29・30

この本の練習問題に使うだけでなく、学校の教科書の英文を書き写したり、リスニングCDで聞いた英語を書きとったり、普段の英語の勉強に活用しましょう。

中学英文法「意味順」ドリル

解答用〈意味順〉シート A　基本ボックス

ボックスごとのガイドは目安として使いましょう。

▼ここは疑問文をつくるときなどの「はてなボックス」として、また、接続詞を入れて長い文を書くときに使います。

		だれが	する／です	だれ・なに	どこ	いつ
❷	例	I	play	tennis	in the park	on Sundays.
	例 Do	they	play	tennis	in the park	on Sundays?
		My sister	is	an elementary school student.		

実際に書いてみるとガイドからはみ出すこともあります。ガイドは目安として使ってください。

❶ 先頭にフリースペースがあります。ここは「はてなボックス」として疑問文を書いたり、接続詞を入れて長い文を書いたりします。

❷ 書き方を例文で示しています。参考にして自分で書いてみましょう。

パソコンから右の URL を入力してサイトにアクセスし、サイトの説明に沿ってダウンロードしてください。

URL: https://tofl.jp/books/2649

▶〈意味順〉確認音声

「意味順」セクションと 124 ページのコラムの意味順ボックスを使った練習問題について、「意味順の日本語」→「英語」→「ふつうの日本語」→「英語」の順で読み上げた音声です。

例 23 ページ　2 | 3　意味順の日本語：ジュンは　いる　彼の部屋に　今
ポーズ
英語：Jun is in his room now.
ポーズ
ふつうの日本語：ジュンは今、自分の部屋にいます。
ポーズ
英語：Jun is in his room now.
ポーズ

例 61 ページ　1 | 1　意味順の日本語：何　しますか？　あなたは　食べる　朝食に
ポーズ
英語：What do you eat for breakfast?
ポーズ
ふつうの日本語：朝食に何を食べている？
ポーズ
英語：What do you eat for breakfast?
ポーズ

「意味順の日本語」「英語」「ふつうの日本語」「英語」のあとにはポーズがあります。日本語を聞いて自分で英語を言ってみましょう。そのあとの英語の音声で正しい文を確認したら、発音やイントネーションをまねして練習しましょう。

聞きとった英語をノートやプリントアウトした『解答用〈意味順〉シート』に書くこともできます。繰り返し練習することで、英語の語順がしっかりと身につきます。ぜひ活用してください。

音声ファイル（MP3 形式）について

ダウンロードした圧縮ファイルを解凍すると音声が利用できます。

! スマートフォンにダウンロードして再生することはできませんのでご注意ください。

▶ **パソコンで再生する場合**

ダウンロードした音声ファイルを iTunes などの再生用ソフトに取り込んでください。

▶ **スマートフォン・携帯用音楽プレーヤーで再生する場合**

各機器をパソコンに接続し、音声ファイルを転送してください。

※ 各機器の使用方法につきましては、各メーカーの説明書をご参照ください。

監修者紹介

田地野 彰（たじの あきら）

京都大学名誉教授。名古屋外国語大学教授。専門は教育言語学・英語教育。言語学博士（Ph.D.）。「意味順」に関する著書は、『〈意味順〉英作文のすすめ』（岩波ジュニア新書）、『NHK 基礎英語 中学英語完全マスター「意味順」書き込み練習帳』（NHK 出版）、『「意味順」式イラストと図解でパッとわかる英文法図鑑』（KADOKAWA）、『明日の授業に活かす「意味順」英語指導―理論的背景と授業実践』（編著：ひつじ書房）など。NHK テレビ語学番組 E テレ「基礎英語ミニ」（2012 年上半期）や「意味順ノート」（日本ノート）の監修者、国際誌 *ELT Journal*（英国オックスフォード大学出版局）の編集委員、一般社団法人大学英語教育学会の理事・副会長などを歴任。

著者紹介

奥住 桂（おくずみ けい）

埼玉学園大学人間学部子ども発達学科准教授。公立中学校で英語科教諭として 21 年間教えた後、帝京大学講師を経て 2023 年度より現職。中学校教諭時代には、「意味順」や「名詞のカタマリ」を取り入れたわかりやすい英語の授業を追究し、平成 26 年文部科学大臣優秀教職員表彰。埼玉大学大学院教育学研究科修了。修士（教育学）。主な共編著・分担執筆に『明日の授業に活かす「意味順」英語指導―理論的背景と授業実践』（ひつじ書房）、『英語教師は楽しい―迷い始めたあなたのための教師の語り』（ひつじ書房）、『英語授業ハンドブック　中学校編　DVD 付』（大修館書店）などがある。

加藤 洋昭（かとう ひろあき）

聖徳大学文学部文学科英語・英文学コース専任講師、東京女子大学現代教養学部非常勤講師、獨協大学国際教養学部非常勤講師。青山学院大学大学院文学研究科英米文学専攻博士前期課程修了。春日部共栄中学高等学校、武蔵高等学校中学校、東洋英和女学院大学などを経て現職。現在は英語の教員養成科目を主に担当している。専門は英語教育学で、特に英語ライティングを研究中。よりよい授業を行うための教員の働きかけや教材の在り方などを研究している。著書には『コミュニカティブな英語教育を考える』（共著：アルク）がある。

編集	Onda Sayaka (e.editors)
英文校閲	レイム グレゴリー
装丁・デザイン	清水裕久 (Pesco Paint)
イラスト	松本麻希
録音・編集	一般財団法人英語教育協議会 (ELEC)
ナレーション	Chris Koprowski, Jennifer Okano, 水月優希

中学英文法「意味順」ドリル 1

発　行　2021年9月10日　第1版第1刷
　　　　2023年3月30日　第1版第4刷

監修者　田地野彰
著　者　奥住桂・加藤洋昭
発行者　山内哲夫
発行所　テイエス企画株式会社
〒169-0075
東京都新宿区高田馬場1-30-5 千寿ビル 6F
E-mail　books@tseminar.co.jp
URL　https://www.tofl.jp/books
印刷・製本　図書印刷株式会社

ISBN978-4-88784-264-9　Printed in Japan
乱丁・落丁はお取替えいたします。

中学英文法

「意味順」ドリル1

単語を並べてみよう

別冊解答

- 別の答え方がある場合は、[ ] の中に示しています。
- ( ) で示している部分は、答えとして書かなくてもまちがいではありません。
- CD の音声は、[ ] や ( ) で示した部分は読まれていません。

テイエス企画

基本のキホン 「意味順」って何？ 11 ページ

1

だれが	する / です	だれ・なに	どこ	いつ
僕は	練習します	テニスを		毎日

2

だれが	する / です	だれ・なに	どこ	いつ
私は	起きます			毎朝 6 時に

3

だれが	する / です	だれ・なに	どこ	いつ
ケンは	遊びました	友だちと	お台場で	昨日

4

だれが	する / です	だれ・なに	どこ	いつ
奥住先生は	飲めません	コーヒーが		

5

だれが	する / です	だれ・なに	どこ	いつ
僕たちも	見ます	その映画を		来週

ひとこと 4 「コーヒーが」を主語にしないように注意！

基本 01 「だれが」ボックスに入るもの〈主語〉 13 ページ

I 1

だれが	する / です	だれ・なに	どこ	いつ
私は	持っている	たくさんの宿題を		今日は

2

だれが	する / です	だれ・なに	どこ	いつ
私は	です	疲れた		

II 1

だれが	する / です	だれ・なに	どこ	いつ	
I	like	dogs			.

2

だれが	する / です	だれ・なに	どこ	いつ	
Jun	is	my brother			.

3

だれが	する / です	だれ・なに	どこ	いつ	
We	have	a quiz		today	.

基本 02 「する／です」ボックスに入るもの〈動詞〉 15 ペー

1 | 1 I have a lot of homework today.　2 I am hungry.

3 Mr. Tanaka knows my phone number.　4 We are junior high school students.

2 | 1

だれが	する / です	だれ・なに	どこ	いつ
I	study	math	in the library	after school

2

だれが	する / です	だれ・なに	どこ	いつ
We	practice	soccer	on the grounds	every morning

3

だれが	する / です	だれ・なに	どこ	いつ
My sister	is	an elementary school student		

基本 03 「だれ・なに」ボックスに入るもの 17 ペー

1 | 1

だれが	する / です	だれ・なに	どこ	いつ
I	like	this song		

2

だれが	する / です	だれ・なに	どこ	いつ
Ms. Takashima	is	a famous violinist		

2 | 1

だれが	する / です	だれ・なに	どこ	いつ
I	saw	Ichiro	in Tokyo Dome	last year

2

だれが	する / です	だれ・なに	どこ	いつ
I	eat	ice cream		after bathing

3

だれが	する / です	だれ・なに		どこ	いつ
My grandparents	send	us	apples		every year

ひとこと 2 | 2 after bathing「お風呂に入ったあとに」

基本 04 「どこ」「いつ」ボックスに入るもの …… 19 ページ

1| 1

だれが	する / です	だれ・なに	どこ	いつ	
I	saw	Mike	in the park	yesterday	.

2

だれが	する / です	だれ・なに	どこ	いつ	
My dog	sleeps		on the sofa	every day	.

3

だれが	する / です	だれ・なに	どこ	いつ	
Mr. Hill	comes		to our school	every Friday	.

2| 1

だれが	する / です	だれ・なに	どこ	いつ	
I	listen to	English radio	in my room	in the morning	.

2

だれが	する / です	だれ・なに	どこ	いつ	
I	do	my homework	in the library	every day	.

3

だれが	する / です	だれ・なに	どこ	いつ	
Tama	sleeps		under the chair	in the afternoon	.

とことと 1| 3 every Friday「毎週金曜日に」。 on Fridays も同じ意味で使うことができます。
2| 3 「午後（に）」in the afternoon

基本 05 「名詞のカタマリ」を意識しよう …… 21 ページ

1| 1 [a cat]　2 [the teacher]
3 [two dogs]　4 [three girls]
5 [many students]

2| 1 I want [a cat].　2 You have [a dog].
3 I will become [a doctor].　4 I need [two bags].
5 [Many students] use [a bicycle].

とことと カタマリが 2 つある文もあるので注意！

意味順 01 「～です」と伝える〈be 動詞の文〉 23 ペー

1 | **1** I am a tennis player. **2** My name is Jun. **3** You are lucky.

2 | **1**

だれが	する / です	だれ・なに	どこ	いつ	
I	am	busy			.

2

だれが	する / です	だれ・なに	どこ	いつ	
You	are	tired			.

3

だれが	する / です	だれ・なに	どこ	いつ	
Jun	is		in his room	now	.

4

だれが	する / です	だれ・なに	どこ	いつ	
The movie	is	interesting			.

5

だれが	する / です	だれ・なに	どこ	いつ	
This dish	is	delicious			.

意味順 02 「～ではない」と伝える〈be 動詞の否定文〉 25 ペー

1 | **1** The students are not ～. **2** Jun is not ～.
3 My sister is not ～. **4** I am not ～.

2 | **1**

だれが	する / です	だれ・なに	どこ	いつ	
That	is not	sugar			.
It	is	salt			.

2

だれが	する / です	だれ・なに	どこ	いつ	
This	isn't	a lion			
It	is	a cat			

3

だれが	する / です	だれ・なに	どこ	いつ	
The stamps	are		on the table		
They	aren't		in the box		

3 | **1** I am not a cat. **2** This curry is not hot.
3 The key is not on the wall.

意味順 03 「～ですか」とたずねる〈be 動詞の疑問文〉 27 ページ

1

はてな	だれが	する / です	だれ・なに	どこ	いつ	
---	You	are	busy			.
Are	you		busy			?

2

はてな	だれが	する / です	だれ・なに	どこ	いつ	
---	Jun	is		in his room	now	.
Is	Jun			in his room	now	?

1

はてな	だれが	する / です	だれ・なに	どこ	いつ	
---	The school building	is	old			.
Is	the school building		old			?

2

はてな	だれが	する / です	だれ・なに	どこ	いつ	
---	They	are	new teachers			.
Are	they		new teachers			?

1 Are you a soccer fan?　2 Is Mr. Suzuki in the science room?

ひとこと Jun のような固有名詞や I（私）は、文頭でなくても、いつでも大文字です。

意味順 04 be 動詞の仕上げ 29 ページ

1 I am a fan of Ohtani Shohei.
2 My hometown is Saitama.
3 Ken and I are classmates.
4 I am not tired.
5 It is not a big problem.
6 My smartphone is not new.
7 Is Jun in the library?
8 Is the meat tough?
9 Is Mr. Yoshida an English teacher?
10 Yes, he is.

ひとこと 2 hometown「ふるさと」。「私のふるさとは埼玉です。→ 私は埼玉出身です。」Saitama is my hometown. も可。
8 tough「肉などがかたい、かみ切りにくい」

意味順 05 人やものの状態や特徴を伝える〈形容詞〉 31 ページ

1 | 1 hungry　2 happy　3 beautiful
4 blue eyes　5 my new friend　6 a sad story

2 | 1

だれが	する / です	だれ・なに	どこ	いつ
I	am	happy		

2

だれが	する / です	だれ・なに	どこ	いつ
My cat	has	blue eyes		

3

だれが	する / です	だれ・なに	どこ	いつ
This	is	my new friend		

3 | 1 I am sick today.　2 This story is very sad.
3 The cherry blossoms are beautiful.

ひとこと 3 | 1 sick「病気の」。「体調が悪い」という場面でも使えます。

意味順 06 動作の様子を伝える〈副詞〉 33 ページ

1 | 1 practice hard　2 swim fast
3 listen carefully　4 leave home early

2 | 1

だれが	する / です	だれ・なに		どこ	いつ
I	leave	home	early		on Mondays

2

だれが	する / です	だれ・なに		どこ	いつ
Atsushi	plays	the piano	well		

3

だれが	する / です	だれ・なに		どこ	いつ
Jun	practices	soccer	hard		

3 | 1 I get up early every morning.　2 My brother cooks well.
3 Mr. Teshima speaks clearly in class.

ひとこと 2 | 1 on Mondays「(いつもの) 月曜日に」。いつものことなので Monday に s をつけます。

名詞のカタマリ ① 名詞のカタマリを代名詞にする ……… 35ページ

1
1 He　2 her　3 They
4 He / him　5 it　6 She / her

2
1 The boy watches soccer on TV every Saturday. → He
2 His dog is very big. → It

3
1 Look at those books. → them
2 Ms. Suzuki walks with her son every morning. → him

ひとこと 1 | 1 だれが 形は文の先頭で使うことが多いので大文字で始めます。
2 | 2 動物は基本的に it や they を使います。ペットや親しみのある動物で性別がわかる場合は he や she を使ってもかまいません。

意味順 07 「〜する」と伝える〈一般動詞の文〉 ……… 37ページ

1
1 sing in the hall　2 watch the parade
3 learn English　4 walk in the park

2
1

だれが	する / です	だれ・なに	どこ	いつ	
I	walk		in the park	every morning	.

2

だれが	する / です	だれ・なに	どこ	いつ	
We	sing		in the hall	in October	.

3

だれが	する / です	だれ・なに	どこ	いつ	
We	play	the guitar	in the music room	after school	.

3
1 I eat breakfast at 6:30.　2 You have many books.
3 We clean the classroom after school.

意味順 08 「だれがするか」で動詞の形が変わる① 〈三単現の s〉 39 ページ

1 | 1 Mari plays the violin. 2 Maki cooks curry well. 3 Jun drinks tea.

2 | 1

だれが	する / です	だれ・なに	どこ	いつ	
I	live		in Tokyo		.
Ms. Shibata	lives		in Fukuoka		.

2

だれが	する / です	だれ・なに	どこ	いつ	
I	drink	milk		every morning	.
My grandfather	drinks	green tea		every day	.

3

だれが	する / です	だれ・なに	どこ	いつ	
You	want	a smartphone			.
Masae	wants	a new laptop			.

3 | 1 My mother speaks Chinese at home. 2 My father comes home at eight.

ひとこと 2 | 3 ノート型パソコンは laptop、タブレット型端末は tablet (computer) といいます。

意味順 09 「だれがするか」で動詞の形が変わる② 〈三単現の s〉 41 ページ

1 | 1 Chihiro studies French. 2 Ms. Matsuda teaches history.
3 My father washes dishes.

2 | 1

だれが	する / です	だれ・なに	どこ	いつ	
I	have	a brother			.
Ayumu	has	a sister			.

2

だれが	する / です	だれ・なに	どこ	いつ	
I	teach		in an elementary school		.
My father	teaches	science	in a high school		.

3

だれが	する / です	だれ・なに	どこ	いつ	
I	study	English	in junior high school		.
My sister	studies	French	in university		.

3 | 1 My father watches TV every day. 2 My brother washes his car on Sundays.

意味順 10 「〜しない」と伝える① 〈一般動詞の否定文：don't〉 43ページ

1 1 don't get up　2 don't have　3 don't play
4 don't know　5 don't like　6 don't drink

2 1

だれが	する／です	だれ・なに	どこ	いつ	
I	have	a practice		on Mondays	.
I	don't have	a practice		on Thursdays	.

2

だれが	する／です	だれ・なに	どこ	いつ	
I	get up			at 6:30 on weekdays	.
I	don't get up			at 6:30 on Sundays	.

3

だれが	する／です	だれ・なに	どこ	いつ	
We	drink	milk		for school lunch	.
We	don't drink	coffee-flavored milk			.

3 1 You don't play soft tennis.　2 We don't like cats.

ひとこと 2 2 weekday「平日」　3 2「〜が苦手だ」はこの文では「好きではない」という意味です。

意味順 11 「〜しない」と伝える② 〈一般動詞の否定文：doesn't〉 45ページ

1 1 get　2 eat　3 play　4 come　5 study　6 watch　7 live　8 try

2 1

だれが	する／です	だれ・なに	どこ	いつ	
Ms. Hirose	lives		in Tokyo		.
She	doesn't live		in Shizuoka		.

2

だれが	する／です	だれ・なに	どこ	いつ	
My sister	plays	tennis	in high school		.
She	doesn't play	table tennis			.

3

だれが	する／です	だれ・なに	どこ	いつ	
Mr. Milward	comes		to this school	on Wednesdays	.
He	doesn't come		here	on Thursdays	.

3 1 Yumi doesn't play games.　2 My grandfather doesn't watch TV.

意味順 12 「～しますか」とたずねる① 〈一般動詞の疑問文：Do〉 47 ページ

1 | 1

はてな	だれが	する / です	だれ・なに	どこ	いつ	
---	You	have	a dog			.
Do	you	have	a cat			?

2

はてな	だれが	する / です	だれ・なに	どこ	いつ	
---	You	study	math		every day	.
Do	you	study	social studies		every day	?

2 | 1

はてな	だれが	する / です	だれ・なに	どこ	いつ	
---	You	like	Japanese food			.
Do	you	like	Chinese food			?

2

はてな	だれが	する / です	だれ・なに	どこ	いつ	
---	You	take	a train		every day	.
Do	you	take	a bus		every day	?

3

はてな	だれが	する / です	だれ・なに	どこ	いつ	
---	They	play	basketball	in the gym	on Tuesdays	.
Do	they	play	basketball	in the gym	on Fridays	?

ひとこと 2 | 2 「通学や通勤にバスや電車を使う」という場合の「使う」は take を使います。

意味順 13 「～しますか」とたずねる② 〈一般動詞の疑問文：Does〉 49 ページ

1 | 1

はてな	だれが	する / です	だれ・なに	どこ	いつ	
---	Jun	drinks	milk		every morning	.
Does	he	drink	coffee			?

2

はてな	だれが	する / です	だれ・なに	どこ	いつ	
---	Maki	plays	volleyball	in the gym		.
Does	she	play	futsal			?

2

1

はてな	だれが	する / です	だれ・なに	どこ	いつ	
---	Kento	plays	basketball			.
Does	he	play	soccer			?

2

はてな	だれが	する / です	だれ・なに	どこ	いつ	
---	Yuka	studies	French			.
Does	she	study	German			?

3

はてな	だれが	する / です	だれ・なに	どこ	いつ	
---	Mr. Sasaki	makes	breakfast		every day	.
Does	he	make	dinner		every day	?

意味順 14 一般動詞の仕上げ

51 ページ

1 We love this song.

2 Ms. Hashimoto uses a computer in her class.

3 Natsumi plays tennis in tennis school on Wednesdays.

4 I don't watch horror movies.

5 (Mike!) You don't need an umbrella today.

6 Ms. Tsuruta doesn't use a computer in her class.

7 (Hi, Tom.) Do you eat Japanese food?

8 Does grandpa have a cell phone?

9 Does Mr. Mori use a computer in his class?

10 No, he doesn't.

ひとこと 8 「携帯電話」はスマートフォンを含めて、アメリカ英語では cell phone、イギリス英語では mobile phone が使われます。日本では「スマホ」「ガラケー」のように使い分けることがありますが、英語ではふつうは使い分けることはありません。

意味順 Activity 英語を聞いて答えよう ①

52 ページ

1

1

だれが	する / です	だれ・なに	どこ	いつ	
I	am	a junior high school student			.

2

だれが	する / です	だれ・なに	どこ	いつ	
I	like	sports			.

3

だれが	する / です	だれ・なに	どこ	いつ	
I	play	tennis		every day	.

4

だれが	する / です	だれ・なに	どこ	いつ	
My favorite player	is	Nishikori Kei			.

放送文と意味

例 My name is Hiroki.（僕の名前はヒロキです。）

1 I am a junior high school student.（私は中学生です。）

2 I like sports.（私はスポーツが好きです。）

3 I play tennis every day.（私は毎日テニスをします。）

4 My favorite player is Nishikori Kei.（私の大好きな選手は錦織圭選手です。）

2 | 1 He is fourteen years old.

2 He is from Tokyo.

3 He lives in Yokohama. / In Yokohama.

4 He plays the piano.

放送文と意味

Hello. My name is Jun. I am a junior high school student. I am fourteen years old. My hometown is Tokyo and live in Yokohama now. My hobby is music. I play the piano every day. What are your hobbies? Thank you.

こんにちは。僕の名前はジュンです。僕は中学生です。14 歳です。僕は東京出身で今は横浜に住んでいます。僕の趣味は音楽です 毎日ピアノを弾きます。あなたの趣味は何ですか。（聞いてくださって）ありがとう。

ひとこと 2 | 1 How old ～？は年齢をたずねる表現（意味順 18）。

2 3 Where の疑問文は場所をたずねる文（意味順 23）。

4 What の疑問文は「何を～」とたずねる文（意味順 16）。

意味順 Activity 英語で書こう ① ………… 53 ページ

解答例

1 | 1

だれが	する / です	だれ・なに	どこ	いつ	
私は	です	15 歳			
I	am	fifteen years old			.

2

だれが	する / です	だれ・なに	どこ	いつ	
私は	住んでいる		東京に		
I	live		in Tokyo		.

3

だれが	する / です	だれ・なに	どこ	いつ	
私は	好きだ	サッカーが			
I	like	soccer			.

2 | (Hello.) My name is Misa. [I am Misa.] I am fifteen years old. I live in Tokyo. I like soccer. (Thank you.)

ひとこと 2 | I amはI'mと省略してもかまいません。自己紹介をするときは、最初と最後のあいさつ（Hello. / Thank you. など）を加えるとよいでしょう。

復習テスト ① be 動詞と一般動詞の文 54 ～ 55 ページ

1 | 1 ○　2 △　3 △　4 ○　5 ○　6 △　7 ○　8 ○

2 | 1

だれが	する / です	だれ・なに	どこ	いつ	
Tom	is	very tall			.

2

だれが	する / です	だれ・なに		どこ	いつ	
Tom	speaks	Japanese	well			.

3

だれが	する / です	だれ・なに	どこ	いつ	
Tom's father	has	three cars			.

3 | 1 Does Tom like soccer?　2 Is Tom from the U.K.?　3 Does Tom live in Saitama?

4 | 解答例 He is from America. He is a baseball fan. He likes sushi, but he doesn't like *natto*. He has a lot of [many] books. He studies Japanese every day.

ひとこと 1 | 英語にすると次のようになります。 1 I am a junior high school student. 2 Beth runs fast. 3 I listen to the radio every morning. 4 That tall boy is my brother. 5 I am hungry. 6 Please write your name here. 7 This story is very famous. 8 My mother is in Niigata now.

4 | その他の文の例。He is 46 years old. / He doesn't cook well. / He has a brother.

名詞のカタマリ ② 〈冠詞＋形容詞＋名詞〉のカタマリ 57 ページ

1 | 1 [a small cat]　2 [a young teacher]　3 [two big bags]

2 | 1 three lovely pandas　2 a big round wooden chair

3 | 1 I want [a small cat].　2 You have [an old dog].

3 [A young teacher] teaches us music.　4 I need [two big bags].

5 [My teacher] drives [a small car].

意味順 15 「～しなさい」と伝える〈命令文〉 59 ページ

1| 1 Study　2 Don't touch　3 Come, sit

2| 1

だれが	する / です	だれ・なに	どこ	いつ	
	Touch	the screen			.

2

だれが	する / です	だれ・なに	どこ	いつ	
	Come		here	tomorrow	.

3

だれが	する / です	だれ・なに	どこ	いつ	
	Please turn off	your mobile phone		right now	.

3| 1 Do your homework now.　2 Wash your hands carefully.
3 Don't enter the teachers' office today.

ひとこと 3| 2 carefully「注意深く」

意味順 16 「誰?」「何?」とたずねる〈疑問詞 Who / What〉 61 ページ

1| 1

はてな	だれが	する / です	だれ・なに	どこ	いつ	
Do	you	eat	bread		for breakfast	?
What do	you	eat			for breakfast	?

2

はてな	だれが	する / です	だれ・なに	どこ	いつ	
Is	she		your sister			?
Who is	she					?

2| 1

はてな	だれが	する / です	だれ・なに	どこ	いつ	
Do	you	like	sports			?
What sports do	you	like				?

2

はてな	だれが	する / です	だれ・なに	どこ	いつ	
Is	that tall lady		a new student			?
Who is	that tall lady					?

3 | 1 Who is that man? 2 What does your father do?

ひとこと 3 | 2 「あなたのお父さんは何をしていますか。」という疑問文で、「ふだんしている仕事」をたずねることができます。

意味順 17 命令文・疑問詞 Who / What の仕上げ

63 ページ

1 Do your best.
2 Come here tomorrow.
3 Don't give up.
4 What color do you like?
5 What do you have in your bag?
6 What do you want for a Christmas present?
7 Who is that girl?
8 Who is that soccer player?
9 Who is this singer?
10 She is Amuro Namie.

ひとこと 疑問詞 Who を使って、「誰が～しますか?」とたずねることもできます。
A: Who plays the piano in the concert?（コンサートで誰がピアノを弾くの?）
B: Jun does.（ジュンだよ。）
A: Who play the recorders?（誰がリコーダーを演奏するの?）
B: The music club members do.（音楽クラブのメンバーだよ。）

意味順 18 「どのくらい～?」と様子をたずねる〈疑問詞 How ①〉

65 ページ

1 | 1 How tall 2 How old 3 How much

2 | 1

はてな	だれが	する / です	だれ・なに	どこ	いつ	
How tall is	Ms. Ikeda					?

2

はてな	だれが	する / です	だれ・なに	どこ	いつ	
How old is	your uncle					?

3

はてな	だれが	する / です	だれ・なに	どこ	いつ	
How long is	the summer vacation			in Hokkaido		?

4

はてな	だれが	する / です	だれ・なに	どこ	いつ	
How much is	this T-shirt					?

3 | 1 How old is this dog? 2 How tall is that giraffe?
3 How much is this car?

意味順 19 「どのくらい〜?」と数や頻度をたずねる〈疑問詞 How ②〉 67 ページ

1 | 1 cats　2 textbooks　3 sisters　4 friends　5 students　6 bags

2 | 1

はてな	だれが	する / です	だれ・なに	どこ	いつ	
How many cats do	you	have				?

2

はてな	だれが	する / です	だれ・なに	どこ	いつ	
How many friends do	you	have		in school		?

3

はてな	だれが	する / です	だれ・なに	どこ	いつ	
How often do	you	go		to the theater		?

4

だれが	する / です	だれ・なに	どこ	いつ	
I	go		to the theater	once a month	.

3 | 1 How many brothers and sisters do you have?

2 How many books do you have in your bag?

3 How often do you climb Mt. Takao?

意味順 20 「どうやって?」とやり方などをたずねる〈疑問詞 How ③〉 69 ページ

1 | 1 by bus　2 by train　3 on foot

4 by bicycle　5 by plane　6 by email

2 | 1

はてな	だれが	する / です	だれ・なに	どこ	いつ	
How do	you	come		to school		?

2

だれが	する / です	だれ・なに	どこ	いつ	どうやって	
I	come		to school		by bicycle	.

3

はてな	だれが	する / です	だれ・なに	どこ	いつ	
How do	you	feel			this morning	?

4

だれが	する / です	だれ・なに	どこ	いつ	
I	feel	fine			.

3 | 1 How is this movie?　2 How do you study English?

意味順 21 疑問詞 Howの仕上げ

71ページ

1 How old is this house?
2 How tall is this tower?
3 How much is this sweater?
4 How many classes do you have today?
5 How often do you go to the beauty salon?
6 How often do you visit your grandma's home?
7 How do you eat fried eggs?
8 (Hello, Steven.) How is the weather in Los Angeles?
9 How is your family?
10 We are fine, thanks.

意味順 22 場所を伝える〈前置詞＋場所〉

73ページ

1 | 1 near the station
2 in the bathroom
3 in the hallway
4 next to me

2 | 1

だれが	する / です	だれ・なに	どこ	いつ	
I	brush	my teeth	in the bathroom	every night	.

2

だれが	する / です	だれ・なに	どこ	いつ	
Jun and I	study		in the library	after school	.

3

だれが	する / です	だれ・なに	どこ	いつ	
Tokyo Disneyland	is		in Chiba		.

3 | 1 A convenience store is near the station.
2 My dog sleeps next to me.
3 We practice in the hallway on rainy days.

意味順 23　場所をたずねる〈疑問詞 Where〉 ……… 75 ページ

1 | 1 Where is ～?　2 Where do you ～?

2 | 1

はてな	だれが	する / です	だれ・なに	どこ	いつ	
Do	you	brush	your teeth	in the bathroom		?
Where do	you	brush	your teeth			?

2

はてな	だれが	する / です	だれ・なに	どこ	いつ	
Does	Jun	study		in the library	after school	?
Where does	he	study			after school	?

3

はてな	だれが	する / です	だれ・なに	どこ	いつ	
Is	Tokyo Disneyland			in Chiba		?
Where is	Tokyo Disneyland					?

3 | 1 Where do you practice on rainy days?　2 Where does your dog sleep?

3 Where is the convenience store?

意味順 24　「誰のもの?」とたずねる〈疑問詞 Whose〉 ……… 77 ページ

1 | 1 Whose textbook ～?　2 Whose towel ～?　3 Whose glasses ～?

2 | 1

はてな	だれが	する / です	だれ・なに	どこ	いつ	
Whose towel is	this					?

2

はてな	だれが	する / です	だれ・なに	どこ	いつ	
Whose glasses are	those					?

3

はてな	だれが	する / です	だれ・なに	どこ	いつ	
Whose textbook is	this					?

4

だれが	する / です	だれ・なに	どこ	いつ	
It	is	mine			.

3 | 1 Whose bag is this?

2 Whose watch is this?

3 It is Mr. Yoshida's.

意味順 25 「どちらの?」とたずねる〈疑問詞 Which〉 79 ページ

1 1 Which train ～? 2 Which animal ～? 3 Which drink ～?

2 1

はてな	だれが	する / です	だれ・なに	選択肢	
Which animal do	you	like,		dogs or cats	?

2

はてな	だれが	する / です	だれ・なに	選択肢	
Which drink do	you	want,		milk or tea	?

3

はてな	だれが	する / です	だれ・なに	どこ	いつ	
Which train is			the Chuo Line			?

4

はてな	だれが	する / です	だれ・なに	選択肢	
Which do	you	choose,		bread or rice	?

3 1 Which do you like, summer or winter?

2 Which is your umbrella?

ひとこと 疑問詞 Which を使って、「どちらが～しますか?」とたずねることもできます。
A: Which train goes to Tokyo Station? (どちらの電車が東京駅に行くの?)
B: This orange one does. (このオレンジ色のほうだよ。)

意味順 26 場所・疑問詞 Where / Whose / Which の仕上げ 81 ページ

1 My father sings in the bathroom every night.

2 We practice table tennis on Wednesdays.

3 Mt. Fuji stands between Shizuoka and Yamanashi.

4 Where do you go for a school trip?

5 Where does Kazu practice soccer on rainy days?

6 Where is my ice cream?

7 Whose cardigan is this?

8 Which shoes do you wear every day?

9 Which chopsticks are yours?

10 These black ones are mine.

ひとこと 9・10 箸は2本一組で、日本語では「一膳(ぜん)」という言い方があります。英語の chopstick は箸1本のことなので、一膳のことを表す場合は必ず複数形を使います。代名詞の one も chopsticks を受けて複数形の ones になります。

意味順 Activity 英語を聞いて答えよう ② 82 ページ

解答例

1

だれが	する / です	だれ・なに	どこ	いつ	
I	like	math			.

2

だれが	する / です	だれ・なに	どこ	いつ	
My homeroom teacher	is	Ms. Abe			.

3

だれが	する / です	だれ・なに	どこ	いつ	
I	am	fifteen years old			.

4

だれが	する / です	だれ・なに	どこ	いつ	どうやって	
I	go		to school		on foot	.

5

だれが	する / です	だれ・なに	どこ	いつ	
I	live		in Tochigi		.

6

だれが	する / です	だれ・なに	どこ	いつ	
I	like	blue			.

放送文と意味

例 What time do you get up?（何時に起きますか。）
1 What subject do you like?（何の科目が好きですか。）
2 Who is your homeroom teacher?（担任の先生は誰ですか。）
3 How old are you?（あなたは何歳ですか。）
4 How do you go to school?（どうやって学校に行きますか。）
5 Where do you live?（どこに住んでいますか。）
6 Which color do you like, red or blue?（赤と青のどちらの色が好きですか。）

意味順 Activity 英語で書こう ② 83 ページ

1

だれが	する / です	だれ・なに	どこ	いつ	
I	leave	home		at 7:30	.

2

だれが	する / です	だれ・なに	どこ	いつ	
I	study	Japanese			.

3

だれが	する / です	だれ・なに	どこ	いつ	
I	eat	dinner		at 7:00	.

名詞のカタマリ ③ 「誰のものか」を示す代名詞 85 ページ

1 my sister　2 his new classmate Mary
3 their school uniforms　4 your old watch

1 our favorite house　2 her red car

1 My sister likes music very much.
2 Their school uniforms are black.
3 Natsumi drives her red car every day.
4 That yellow bike is mine.

復習テスト ② いろいろな疑問文 86 ～ 87 ページ

1 In my room.　2 Naoko does.　3 It's a hotel.
4 Yes, it is.　5 No, he doesn't.

1 How many erasers do you have?　2 Whose pencil is this?
3 What do you do after school?　4 How old is your sister?

1 How old is Hiro?　2 Which bag is yours?
3 Is your brother in London?

2 解答例 What do you eat for breakfast? / How many Japanese comics do you have?

とことこ
1| それぞれのQの意味は次のとおり。 1「あなたはどこで朝食を食べますか。」 2「誰が理科を好きなのですか。」 3「あの建物は何ですか。」 4「これはあなたの自転車ですか。」 5「加藤先生は白い車を運転していますか。」
2| それぞれのAの意味は次のとおり。 1「私は4つ持っています。」 2「それはタケシのものです。」 3「私は図書館で宿題をします。」 4「彼女は4歳です。」
4| 1 ピーターの話を読んでもわからないことは、「朝食で食べるもの」と「持っている日本のマンガの数」です。
2 ピーターの話の意味は次のとおり。「私は日本で、日本食を楽しんでいます。寿司がとても好きなのですが納豆は好きではありません。料理は上手ではないので、料理はしません。よくコンビニに行きます。私はたくさんの本を持っています。週末は英語の本を読みます。日本のマンガ本も読みます。『ワンピース』が大好きです。」

意味順 27 過去の状態を伝える ①〈be 動詞の過去形〉 89 ページ

1 1 We were ～. 2 Jun was ～. 3 My sister was ～.
4 They were ～. 5 I was ～. 6 The students were ～.
7 You were ～. 8 The desk was ～.

2 1

だれが	する / です	だれ・なに	どこ	いつ	
I	was	an elementary school student		four years ago	.
I	am	a junior high school student		now	.

2

だれが	する / です	だれ・なに	どこ	いつ	
This desk	was	my father's		a long time ago	.
It	is	mine		now	.

3

だれが	する / です	だれ・なに	どこ	いつ	
My sister	was		in Bali	last month	.
She	was		in Cambodia	last week	.

3 1 The rainbow was beautiful. 2 My grandfather was a carpenter.

意味順 28 過去の状態を伝える ②〈be 動詞の過去形：否定・疑問〉 91 ページ

1 1 The students were not ～. 2 Jun and I were not ～. 3 My sister was not ～.
4 We were not ～. 5 I was not ～. 6 Jack was not ～.

2 1

だれが	する / です	だれ・なに	どこ	いつ	
I	was not	angry with my sister		yesterday	.

2

だれが	する / です	だれ・なに	どこ	いつ	
We	were not	happy		at that time	.

3

はてな	だれが	する / です	だれ・なに	どこ	いつ	
Were	you		busy		yesterday	?

3 1 They were not junior high school students. 2 Was your mother a teacher?
3 Were you nervous yesterday?

ひとこと 2| 1 angry with ～「～に対して怒る」

意味順 29 be 動詞の過去形の仕上げ 93 ページ

1 I was sick last week.
2 I was in my room.
3 The tomatoes were fresh.
4 I was not hungry at that time.
5 Your name was not on the board.
6 We were not at home yesterday.
7 Were you in your room?
8 Was the pasta delicious?
9 Was the homework difficult?
10 No, it wasn't.

意味順 30 過去にしたことを伝える ①〈一般動詞の過去形：規則動詞〉 95 ページ

1 | 1 helped 2 walked 3 started 4 cried 5 liked 6 dropped

2 | 1

だれが	する / です	だれ・なに	どこ	いつ	
I	helped	my brother with his homework		last night	.

2

だれが	する / です	だれ・なに	どこ	いつ	
I	dropped	my smartphone		last week	.

3

だれが	する / です	だれ・なに	どこ	いつ	
Jun	walked		to school	yesterday	.

3 | 1 I liked this soccer team five years ago.
2 My sister cried a lot this morning.
3 This anime started in 1973.

ひとこと 2| 1 help ～ with ...「～の…を手伝う」。help my brother's homework はまちがいです。

意味順 31 過去にしたことを伝える ②〈一般動詞の過去形：不規則動詞〉 97 ページ

1 | 1 bought 2 went 3 spent 4 ate 5 heard 6 did

2 | 1

だれが	する / です	だれ・なに	どこ	いつ	
I	eat [have]	a rice ball		for breakfast every day	.
I	ate [had]	a slice of bread		this morning	.

2

だれが	する / です	だれ・なに	どこ	いつ	
I	buy	a tennis magazine	at the bookstore	every month	.
I	bought	this magazine	at the tennis school	last month	.

3

だれが	する / です	だれ・なに	どこ	いつ	
We	spend	the summer vacation	in Nagano	every year	.
We	spent	this summer	in Hawaii		.

3| 1 I heard the news yesterday.

2 My brother went to Singapore for the first time.

3 My brother did his homework this morning.

ひとこと 2| 1 a slice of bread「(食) パン 1 枚」。bread は 1 つ、2 つと数えることができない名詞。「食パンを 2 枚」と言う
ときは、two slices of ～ bread と言います。 2 buy「～を買う」 3 spend「(時間) を過ごす」

3| 1 hear「(知らせなど) を聞く」。listen to ～ は「(音楽や人の話などに注意を傾けて) 聞く」という意味。

意味順 32 過去にしたことを伝える ③〈一般動詞の過去形：否定・疑問〉 ………… 99 ページ

1| 1 arrive　2 cook　3 lose　4 catch　5 come　6 see

2| 1

だれが	する / です	だれ・なに	どこ	いつ	
I	didn't catch	the train		this morning	.

2

だれが	する / です	だれ・なに	どこ	いつ	
The goods	didn't arrive			today	.

3

はてな	だれが	する / です	だれ・なに	どこ	いつ	
Did	you	lose	the key		yesterday	?

4

はてな	だれが	する / です	だれ・なに	どこ	いつ	
Did	you	see	a doctor		last week	?

3| 1 I didn't finish my homework.

2 My mother didn't cook last night.

3 Did the mail come today?

ひとこと 3| 1「宿題は終わらなかった」は、英語では「私は宿題を終えなかった」という文で表します。

意味順 33 一般動詞の過去形の仕上げ 101 ページ

1 I got up at five this morning.

2 I caught a cold last week.

3 My sister became a high school student last year.

4 I didn't take part in the final match.

5 You didn't brush your teeth last night.

6 My father didn't come home early yesterday.

7 (Mackey.) Did you try the sushi?

8 Did you listen to the new song?

9 Did Mr. Naganuma come to the party last night?

10 Yes, he did.

意味順 34 時や頻度を伝える 103 ページ

1 after school　2 last night　3 yesterday　4 three years ago

1

だれが	する / です	だれ・なに	どこ	いつ	
I	am always		in the library	after school	.
I	helped	Mr. Kudo	in the teachers' office	yesterday	.

2

だれが	する / です	だれ・なに	どこ	いつ	
I	usually do	my homework	in the living room	after dinner	.
I	did	my homework	in the library	today	.

3

だれが	する / です	だれ・なに	どこ	いつ	
My sister	sometimes visits	our grandfather			.
She	visited	him		this morning	.

1 I run in the park before breakfast.

2 He always washes his car in the morning.

3 Our principal sometimes visits our classes.

意味順 35 「いつ?」とたずねる〈疑問詞 When〉 105ペー

1 | 1 When is ～? 2 When do you ～? 3 When did you ～?

2 | 1

はてな	だれが	する / です	だれ・なに	どこ	いつ	
Are	you			in the library	after school	?
When are	you			in the library		?

2

はてな	だれが	する / です	だれ・なに	どこ	いつ	
Do	you	do	your homework		after dinner	?
When do	you	do	your homework			?

3

はてな	だれが	する / です	だれ・なに	どこ	いつ	
Do	you	come		home	at 10:00	?
What time did	you	come		home	yesterday	?

3 | 1 What time do you have dinner? 2 When is the school anniversary?

ひとこと 3 | 2 「開校記念日」school anniversary

意味順 36 時・疑問詞 When の仕上げ 107ペー

1 Tom is sometimes late for meetings.
2 My sister brushes her teeth after bathing.
3 My uncle always drinks a lot of water for his health.
4 When do you eat yogurt?
5 When did you come to Japan?
6 When did you go to the beauty salon?
7 When is the school festival?
8 (Dad.) When is your wedding anniversary?
9 When is the deadline?
10 It is next Friday.

名詞のカタマリ ④ 〈名詞＋前置詞句〉のカタマリ 109 ページ

1 people in America　2 the book in my bag

3 the tall building on the mountain

1 an English teacher from the Philippines　2 a lot of presents for Lucy

1 People in America like basketball.

2 The book in my bag is Mr. Kato's.

3 Look at that tall building on the mountain!

4 Kenji is the captain of our team.

5 Many people from all over the world visit some famous temples in Kyoto.

復習テスト ③ 過去の文 110 ～ 111 ページ

1 I was very hungry last night.

2 My sister and I were in the library yesterday.

3 It is rainy now.

4 This book was popular ten years ago.

5 Were you busy last Saturday?

6 They are not junior high school students now.

7 Was the singer famous in 2002?

8 I am not sleepy now.

1

だれが	する / です	だれ・なに	どこ	いつ	
Toshi	studied	math		last night	.

2

だれが	する / です	だれ・なに	どこ	いつ	
I	didn't have	breakfast		this morning	.

3

だれが	する / です	だれ・なに	どこ	いつ	
The students	helped	an old lady	at the station	yesterday	.

1 Did you go to the cram school today?　2 Was the book interesting?

3 I didn't watch YouTube yesterday.

4 | 解答例

I played soccer with my friends after school.

I was very tired.

I did my homework.

I didn't watch TV last night.

意味順 37 「今〜している」と伝える ① 〈現在進行形〉 ……… 113 ペー

1 | 1 eating　2 waiting　3 singing　4 talking　5 studying　6 playing

2 | 1

だれが	する / です	だれ・なに	どこ	いつ	
I	play	a video game		before dinner	.
I	am playing	a video game		now	.

2

だれが	する / です	だれ・なに	どこ	いつ	
Takeru	sings	the school song	in music class		.
They	are singing	the school song	in the gym	now	.

3

だれが	する / です	だれ・なに	どこ	いつ	
Nozomi	does	her homework	in the living room	after dinner	.
She	is doing	her homework	in her room	now	.

3 | 1 I am eating breakfast.　2 We are waiting for you.

3 Ms. Shibata is talking with her student.

意味順 38 「今〜している」と伝える ② 〈現在進行形：否定・疑問〉 ……… 115 ペー

1 | 1 Are you doing ～?　2 Is she doing ～?　3 Are they doing ～?

2 | 1

だれが	する / です	だれ・なに	どこ	いつ	
I	don't watch	TV			.
I	am not watching	TV		now	.

2

はてな	だれが	する / です	だれ・なに	どこ	いつ	
Do	you	read	novels			?
Are	you	reading	a novel			?

3

はてな	だれが	する / です	だれ・なに	どこ	いつ	
What does	Nozomi	do		in the living room		?
What is	she	doing		in her room	now	?

1 It is not raining at the top of the mountain. 2 Are you listening to me?

とことん 3 1 at the top of ～「～の頂上では」

意味順 39 現在進行形の仕上げ

117 ページ

1 I am running to the station.
2 I am watching the weather report.
3 My sister is sleeping in the living room.
4 I am not using the computer now.
5 Mari is not talking with her friend.
6 We are not waiting for the bus.
7 Are you writing an email?
8 Is Shizuka taking a shower?
9 What are you doing?
10 I am packing.

意味順 40 「～していた」と伝える ①〈過去進行形〉

119 ページ

1 then 2 at that time 3 three hours ago

1

だれが	する / です	だれ・なに	どこ	いつ	
I	took	a shower		yesterday	.
I	was taking	a shower		at that time	.

2

だれが	する / です	だれ・なに	どこ	いつ	
I	ran		in the park	last week	.
I	was running		in the park	three hours ago	.

3

だれが	する / です	だれ・なに	どこ	いつ	
Satoshi	read	a tennis magazine		after school	.
He	was reading	a tennis magazine		then	.

1 I was walking my dog.
2 My mother was watering the flowers.
3 We were enjoying shopping in the mall then.

とことん 3 1 walk my dog「私のイヌを散歩させる」 2 water は動詞としても使えます。「(植物などに) 水をやる」

意味順 41 「～していた」と伝える ② 〈過去進行形：否定・疑問〉

121 ページ

1 | 1 Were you doing ～? 2 Was she doing ～? 3 Were they doing ～?

2 | 1

だれが	する / です	だれ・なに	どこ	いつ	
I	didn't take	a shower		yesterday	.
I	was not taking	a shower		at that time	.

2

はてな	だれが	する / です	だれ・なに	どこ	いつ	
Did	you	run		in the park	last week	?
Where were	you	running				?

3

はてな	だれが	する / です	だれ・なに	どこ	いつ	
Did	Satoshi	read	the tennis magazine		today	?
Was	he	reading	the tennis magazine		then	?

3 | 1 Were you running in the rain? 2 What subject were you studying then?

意味順 42 過去進行形の仕上げ

123 ページ

1 I was studying with Aya in the library.
2 My sister was talking on the phone.
3 We were having dinner in the restaurant then.
4 I was not using the tablet at that time.
5 I was not sleeping on the train.
6 Ken was not doing his homework.
7 Ms. Nakamura was not talking during her break.
8 Were you singing a song in the bathroom?
9 What were you reading?
10 I was reading an English newspaper.

コラム 動詞の形が伝えること

125 ページ

1

だれが	する / です	だれ・なに	どこ	いつ	
I	study	English		every day	.

2

だれが	する / です	だれ・なに	どこ	いつ	
You	study	social studies		every day	.

3

だれが	する / です	だれ・なに	どこ	いつ	
Jun	studies	science		every day	.

4

だれが	する / です	だれ・なに	どこ	いつ	
I	studied	English		yesterday	.

5

だれが	する / です	だれ・なに	どこ	いつ	
Jun	studied	science		today	.

6

だれが	する / です	だれ・なに	どこ	いつ	
I	was studying	English		then	.

7

だれが	する / です	だれ・なに	どこ	いつ	
You	were studying	social studies		at that time	.

8

だれが	する / です	だれ・なに	どこ	いつ	
Jun	was studying	science		three hours ago	.

意味順 Activity 英語を聞いて答えよう ③ 126 ページ

1

だれが	する / です	だれ・なに	どこ	いつ	
He	went		home from school	at 6:00	.

2

だれが	する / です	だれ・なに	どこ	いつ	
He	went		to a cram school		.

3

だれが	する / です	だれ・なに	どこ	いつ	
He	studied	science			.

4

だれが	する / です	だれ・なに	どこ	いつ	
He	was doing	his homework			.

5

だれが	する / です	だれ・なに	どこ	いつ	
He	feels	tired			.

放送文と意味

Good morning. Please listen! Yesterday, I was very busy. I had a club activity and went home from school at p.m. I had dinner in a hurry and went to a cram school. I studied science there. I came home from the cram scho at 9:30 p.m. and took a bath. Then I started my homework, but I didn't finish my homework. It was too much. went to bed at 11 p.m. and got up at 5:30 a.m. this morning. I was doing my homework before breakfast. So, feel tired now.

おはようございます。聞いてください！ 昨日はとても忙しかったです。僕はクラブ活動をしていて、午後 6 時に学校から家に帰り した。急いで夕食をとり、塾に行きました。僕はそこで理科を勉強しました。午後 9 時 30 分に塾から帰ってきて、入浴しました。 れから宿題を始めましたが、宿題を終えませんでした。多すぎました。午後 11 時に寝て、今朝の午前 5 時 30 分に起きました。僕 朝食前に宿題をしていました。だから、今は疲れています。

ひとこと それぞれの疑問文の疑問詞を見ると、何に注意して聞かなければならないか予測できます。 1 What time は時間 たずねる表現。「マイクは何時に学校から家に帰りましたか。」 2 Where は場所をたずねる表現。「マイクは夕食の後 どこに行きましたか。」 3 What did は何をしたかたずねる表現。「マイクは昨夜、何を勉強しましたか。」 4 Wh was Mike doing は「何をしていたか」をたずねる表現。「マイクは今朝、何をしていましたか。」 5 How does は「 のように〜か」をたずねる表現。「マイクは今、どのように感じていますか。」

意味順 Activity 英語で書こう ③

127 ペー

1

だれが	する / です	だれ・なに	どこ	いつ
My mother	is making	breakfast		

2

だれが	する / です	だれ・なに	どこ	いつ
My father	is reading	a newspaper		

3

だれが	する / です	だれ・なに	どこ	いつ
My sister	is washing	her face		

4

だれが	する / です	だれ・なに	どこ	いつ
My grandparents	are watching	TV		

ひとこと アレンの質問は「あなたの家族は今、何をしていますか」という意味。現在進行形を使って答えましょう。

復習テスト ④ 現在進行形・過去進行形 128～129ページ

1 Misa is using that computer now.

2 Mr. Brown walks to school every day.

3 I know about that tall boy.

4 The red team won last year.

5 Sorry, I was taking a bath at that time.

6 What are you doing there?

1

だれが	する / です	だれ・なに	どこ	いつ	
Ken	is playing	basketball	in the gym	now	.

2

だれが	する / です	だれ・なに	どこ	いつ	
Yumi	was sleeping		in her room		.

3

はてな	だれが	する / です	だれ・なに	どこ	いつ	
Where were	you	cleaning			then	?

1 I am [I'm] studying now.

2 I am [I'm] not reading comic books.

3 What were you doing at that time [then]?

4 I was talking with Takuro on the phone.

解答例

I was cooking for my brothers.

I was washing dishes [doing the dishes] then.